Los desafíos del islam

PALABRA

Título original: Les défis de l'islam

© Lukas Wick, 2024
© Ediciones Palabra, S.A., 2024
   Paseo de la Castellana 210 - 28046 MADRID (España)
   Telf. (34) 91 350 77 20 - (34) 91 350 77 39
   www.palabra.es
   palabra@palabra.es
© Traducción: Almudena Ligero

Diseño de portada: Equipo editorial
ISBN: 978-84-1368-400-0
Depósito Legal: M-24.303-2024
Impresión: Gohegraf, S.L.
Printed in Spain - Impreso en España

Lukas Wick

Los desafíos del islam

dBolsillo

– ÍNDICE –

INTRODUCCIÓN

A la salida de un funeral, me entretengo un rato hablando con unos familiares sobre el islam. Al final de nuestra breve conversación, alguien me dice que, de todas formas, todos creemos en lo mismo, y que los malentendidos entre Oriente y Occidente son más de tipo político que religioso. Este comentario me deja muy sorprendido. ¿Cómo se pueden ignorar tantas diferencias teológicas y evoluciones históricas? ¿Es verdad que la causa de los enfrentamientos es solo una cuestión política y socioeconómica?

En Europa, la presencia de musulmanes es un fenómeno reciente. Después de siglos de relaciones conflictivas, tan ricas en reproches mutuos como pobres en intercambios de ideas, la descolonización de Oriente Próximo y el norte de África, unida al auge económico europeo de los años 60 y 70, atrajo a numerosos musulmanes a países de una larga tradición cristiana, como Francia, Italia, España, Inglaterra y Alemania.

Desde entonces, la presencia musulmana, concebida al principio como algo «exótico», ha aumentado de forma inesperada y, en poco tiempo, el islam se ha consagrado como una realidad social y local. Según un estudio de 2017 llevado a cabo por el Centro de Investigaciones Pew[1], el porcentaje de habitantes que se declaran musulmanes podría aumentar en 2050 hasta el 18 % en Francia, el 19 % en Alemania e incluso el 30 % en Suecia. Mientras tanto, Europa asiste a un declive constante del cristianismo. Esta rápida evolución ha transformado considerablemente el paisaje demográfico. Y se prevé que, a largo plazo, modifique la cultura, las instituciones y las mentalidades. Debido a la ignorancia de la herencia cristiana por parte de un gran número de nuestros contemporáneos y a pesar de

---

[1] Véase: https://www.pewresearch.org/religion/2017/11/29/europes-growing-muslim-population.

su posición minoritaria, el islam está dejando ya una huella significativa en Europa[2].

Probablemente, el islam es uno de los principales desafíos del siglo XXI. En palabras del escritor argelino Boualem Sansal, «el Islam es, pues, el principal desafío para Francia, y lo será durante mucho tiempo»[3]. Nos guste o no, nuestro deber consiste en aceptar ese desafío y hacerle frente. El islam se ha convertido, por decirlo así, en algo ineludible. A partir de ahora, los cristianos tenemos la obligación de conocerlo, aunque sea de manera general. Solo así podremos comprender las consecuencias culturales, institucionales, políticas y sociales derivadas de la presencia del islam. Ante esta realidad, Juan Pablo II

---

[2] Dominar el terreno y ocupar posiciones siempre ha sido una cuestión estratégica para el islam. Más que los corazones, la vocación del islam consiste en conquistar el territorio. No debemos olvidar que los grandes países musulmanes en términos de población no se encuentran en Oriente Próximo, sino en Asia o en el África subsahariana. Indonesia cuenta con 240 millones de musulmanes, Pakistán con 200 millones, la India con 195 millones, Bangladesh con 150 millones y Nigeria con 100 millones.

[3] B. SANSAL, *L'islam de France, objet inclassable*, incluido en *L'islam et nous, le défi du siècle*, en «Valeurs actuelles» (enero de 2022) p. 69.

escribía ya en 2003, en su exhortación apostólica *Ecclesia in Europa*:

Es necesario, además, ser conscientes de la notable diferencia entre la cultura europea, con profundas raíces cristianas, y el pensamiento musulmán. A este respecto, hay que preparar adecuadamente a los cristianos que viven cotidianamente en contacto con musulmanes para que conozcan el islam de manera objetiva y sepan confrontarse con él[4].

El islam representa un reto, cuyos desafíos se propone abordar este libro. A excepción de ciertos aspectos a veces preocupantes, la presencia del islam ofrece también oportunidades inesperadas a las que no solemos prestar atención. En primer lugar, el islam puede ayudarnos a comprender mejor los rasgos distintivos del mensaje cristiano, ya que, a pesar de lo que comúnmente se cree, el islam y el cristianismo son distintos en muchos aspectos. En segundo lugar, los cristianos deben despertar (sobre todo a su propia cultura poscristiana, mucho antes de hacerlo frente al islam) y proclamar con convicción su fe en Cristo. Se

---

[4] Juan Pablo II, Exhortación apostólica *Ecclesia in Europa*, n. 57.

trata de una misión imperativa de Cristo que no podemos olvidar. Por último, se trata de la primera vez en la historia, debido a la emigración y a internet, que muchos musulmanes tienen la posibilidad de entrar libremente en contacto con la fe y la tradición cristianas.

Ante este panorama tan poco alentador, los cristianos deberían guardarse de caer en un alarmismo malsano o en un repliegue identitario. Todo desafío debe verse como una oportunidad. La palabra china para decir «crisis» se compone de dos caracteres. El primero significa «peligro» (un hombre al borde de un precipicio); el segundo, «oportunidad». Es más bien este último significado el que nos conviene a nosotros, los cristianos. Ciertamente, la doctrina islámica no deja mucho margen a la interpretación, y no debemos esperar una evolución significativa en el futuro. Las diferencias entre el islam y el cristianismo suelen ser abismales. Sin embargo, y como siempre, por un lado está la teoría y por otro, la vida cotidiana. Y las formas de interpretar el islam pueden ser muy variadas. Entre un saudí que trabaja en un banco de inversiones de Nueva York, un periodista senegalés que escribe para un periódico de Dakar y una madre de familia de una pequeña aldea afgana, existe una amplia paleta de prácticas que harán fracasar todos nuestros intentos de simplificación. Esto nos ayudará a permanecer abiertos a los fieles de Alá, que son, al igual que nosotros, hijos de Dios.

Gran parte de los musulmanes de Europa no practican su religión. Muchas veces se muestran tan ignorantes al respecto como sus vecinos que se declaran cristianos. Según un estudio de 2006, el 49 % de los musulmanes de Francia no acude nunca a la mezquita. Un estudio más reciente realizado en Suiza en 2016 mostraba aproximadamente el mismo porcentaje (46 %)[5]. Los discursos, a menudo violentos, de los imanes radicales en YouTube y otras plataformas atraen mucha atención, pero no representan necesariamente a los musulmanes en su conjunto. Muchos musulmanes hijos de la inmigración manifiestan cierta desaprobación ante la indiferencia religiosa de Occidente. El ambiente frívolo, libertino y agnóstico, cuando no francamente ateo, que los rodea ofende su idea de lo sagrado y, de

---

[5] Véase: https://fowid.de/meldung/glaubenspraxis-schweiz.

forma un tanto irreflexiva, pueden tender a asociarlo con el cristianismo, sobre todo si se sienten discriminados por la reacción identitaria de los ciudadanos cristianos que, por otro lado, se sienten bastante cómodos con las derivas antirreligiosas del Occidente moderno. En consecuencia, los cristianos de Occidente tienen la responsabilidad de promover una imagen diferente de la fe cristiana, de su historia y de sus valores[6].

El objetivo de estas páginas es ofrecer un conjunto de ideas básicas sobre el islam, insistiendo en las diferencias con el cristianismo y la cultura generada por los cristianos, sin caer en polémicas estériles, pero sin miedo a abordar los aspectos más controvertidos. Siempre es preferible mirar la realidad de frente que hacerse ideas falsas. Después de un breve recorrido histórico, se abordarán con más detalle los desafíos que plantea el islam a la filosofía, a la teología, a la antropología, al

---

[6] Véase: https://www.famillechretienne.fr/politique-societe/societe/malik-bezouh-des-freres-musulmans-a-l-amour-de-la-france-chretienne-184271?referer=%2Farchives%2Fre cherche%3Fsort%3Dweight%26word%3Dislam%2520h istoire%2520de%2520France, publicado el 30 de diciembre de 2015.

derecho y a la política. A pesar de las apariencias, el islam no es una religión similar al cristianismo. Se distingue de él en muchos aspectos y ha hecho surgir una civilización muy diferente a la nuestra. Es muy poco probable que el islam evolucione. Tampoco es cierto que todas las culturas aspiren a parecerse a las occidentales. Asumir esto no es otra cosa que mirar a la realidad cara a cara.

Las diferencias que presentan estas páginas son, sin duda, un poco esquemáticas y sucintas, pero ponen de relieve los desafíos y permiten comprender la visión musulmana del mundo de una forma resumida. No obstante, no hay que suponer que la religión del islam y la civilización que esta ha forjado pueden resumirse en unas pocas páginas. Es imposible hacerse una idea de todo lo que ha ocurrido en una historia que abarca 1.400 años y que se extiende en una parte tan amplia del globo. La realidad siempre es compleja, con multitud de matices, y está muy alejada de las ideas esquemáticas. El objetivo de estas líneas es informar a un público amplio de los desafíos que el islam plantea a la fe cristiana, y a la cultura que esta fe ha contribuido a crear. No están destinadas a especialistas, sino a cristianos que desean hacerse una idea de qué es el islam. Para más información, remito a los lectores interesados a la bibliografía que aparece al final del libro.

I.
BREVE RECORRIDO
HISTÓRICO

Contar la historia del islam en unas pocas páginas es algo tan pretencioso como imposible. Aun así, un conocimiento mínimo de la vida de Mahoma y de las grandes etapas del islam se revela indispensable para hacerse una idea del universo mental de los musulmanes y de los acontecimientos históricos que sustentan su fe.

Mahoma. Una breve reseña biográfica

La historicidad de la biografía de Mahoma es un tema sujeto a debate. Prácticamente no hay ningún elemento de su vida cuya autenticidad no se ponga en duda. Algunos investigadores cuestionan los actos que llevó a cabo en La Meca, otros critican la fiabilidad de sus biógrafos y otros ponen en duda hasta su propia existencia. Las dudas de los eruditos no nos interesan para nuestro análisis, porque no socavan en modo alguno la fe y las convicciones de los musulmanes[1]. Que la confusión que rodea la existencia de Mahoma corresponda o no a una realidad histórica no tiene ninguna importancia en nuestra relación con los musulmanes. Lo importante es conocer aquello que los musulmanes creen y profesan, independientemente de la veracidad de su contenido.

A finales del siglo VI, el mundo cristiano ya había experimentado considerables conflictos. De hecho, habían sido necesarios varios concilios para definir los fundamentos del cristianismo[2]. Los opositores a estas definiciones dogmáticas se habían organizado en arrianos, monofisitas, jacobitas, nestorianos, etc. La mayoría de estas concepciones ponían en duda la divinidad de Cristo o su naturaleza, a la vez divina y humana. Bizancio combatía por la fuerza a estos grupos, que se habían convertido en heréticos, y los empujaba a los confines de su territorio. A finales del siglo VI, los disidentes en la fe habitaban las regiones fronterizas del imperio.

Según la tradición, Mahoma nació en torno al año 571 en La Meca, en aquel entonces do-

---

[1] Los resultados de los investigadores tailandeses que ponen en duda los fundamentos del cristianismo tampoco socavan nuestras creencias.

[2] Nicea (325), Constantinopla (381), Éfeso (431), Calcedonia (451).

minada por la tribu de los Quraysh. En esta región montañosa de Hadramaut, el pueblo rendía culto a distintas divinidades. La primera biografía de Mahoma data del siglo VIII y es obra de Ibn Hisham († 834), que se remite a su vez a Ibn Ishaq († 767). Los primeros escritos sobre el Profeta, por lo tanto, no se redactaron hasta cien años después de su muerte. Esto puede resultarnos sorprendente, pero en una cultura de transmisión oral no tiene nada de extraordinario. No obstante, debemos admitir que, al cabo de tres generaciones, los testigos oculares desaparecen, los recuerdos se desvanecen y no escapan al olvido y a la idealización.

Huérfano desde muy pequeño, Mahoma fue criado por su abuelo Abd al-Muttalib y, después, por su tío Abu Talib. Una vez adulto fue contratado por Jadiya, una viuda rica, para guiar sus caravanas entre La Meca y Oriente[3]. Se dice que, en uno de estos viajes, un monje llamado Bahira detectó en Mahoma las señales de su destino sobrenatural. Jadiya acabó enamorándose de

---

[3] Según la investigadora Patricia Crone, no hay rastro de La Meca antes de la aparición del islam. Teniendo en cuenta que la ciudad sirvió de encrucijada para importantes rutas comerciales, este dato resulta cuanto menos sorprendente. Véase: T. HOLLAND, «Islam. The Untold Story»: https://www.youtube.com/watch?v=zzKk0L6H1ms. Patricia Crone aparece a partir del minuto 15.

Mahoma y le propuso matrimonio. Aunque la mujer tenía ya cuarenta años, Mahoma aceptó la propuesta. Todos los descendientes varones del matrimonio murieron al poco de nacer, y solo las cuatro hijas alcanzaron la edad adulta.

Los ritos religiosos ancestrales y politeístas que se practicaban en su ciudad natal no lograban satisfacer al joven Mahoma que, siguiendo el ejemplo de otros hombres llamados *hanif*, es decir, monoteístas, empezó a retirarse a las montañas de los alrededores. En el año 610, durante uno de estos retiros, Mahoma oyó una voz –más tarde diría que se trataba del arcángel Gabriel– que le encargó una misión. Confundido, Mahoma le pidió consejo a su esposa, que no dudó en creerle y apoyarle frente a la incredulidad del clan. Poco después, Mahoma empezó a proclamar los mensajes que recibía. Sus advertencias, que amenazaban a los ricos y a los poderosos con la ira divina, y sus anuncios del juicio final (sura 70) no fueron bien recibidos por sus compatriotas. La nueva religión amenazaba la fuente de ingresos de los habitantes de La Meca, obtenida desde tiempos remotos gracias a los peregrinos que acudían a venerar a las diversas divinidades del santuario de la Kaaba. A pesar de las resistencias, Mahoma acabó reuniendo a su alrededor a un grupo de seguidores. Pero la situación seguía siendo precaria, y las diatribas contra él y sus discípulos eran constantes, sobre todo cuando llamaba al arrepentimiento, fustigaba a los ricos y recomendaba la limosna (sura 90, 1-21).

Con el tiempo, las revelaciones se hicieron más violentas. Mahoma empezó a amenazar con el infierno a los mequíes que seguían siendo politeístas y permanecían sordos a su predicación (suras 44, 33 y siguientes). Mahoma se presentaba a sí mismo como heredero de los profetas Adán, Noé, Abraham y Moisés, añadiendo a Hud y Salé, desconocidos para los judíos y los cristianos. Jesús también figura en esta lista como profeta nacido de la virgen María. Sin embargo, a pesar de las referencias al relato bíblico, la historia coránica de los profetas del Antiguo Testamento resulta incomprensible sin un conocimiento previo de la Biblia. Como los profetas anteriores habían fracasado en su misión, Mahoma se consideraba «el sello» de los profetas, el último de los enviados por Dios-Uno para restablecer la religión abrahámica original. Sin embargo, la hostilidad hacia él iba en aumento, y solo gracias a la protección de su tío Abu Talib pudo permanecer en La Meca. En el 619, la situación empeoró. La muerte de Abu Talib y de su esposa Jadiya hizo perder a Mahoma el apoyo que tenía. Buscando una salida, el Profeta entró en contacto con los habitantes de Yatrib (más tarde rebautizada como Medina), un oasis situado a 350 kilómetros al noroeste de La Meca. Yatrib era el escenario de las escaramuzas de dos tribus enfrentadas, que buscaban un mediador para pacificar la región.

En el 622, Mahoma respondió a la llamada de los medineses y emigró allí con unos sesenta fieles, escapando así de su enemistad con los mequíes. Se trata del primer año de la hégira, acontecimiento que marca para siempre el calendario islámico. Una vez en Medina, Mahoma se reveló como un gran dirigente político y militar. De perseguido pasó a convertirse en jefe y gobernante. Como consecuencia, su discurso cambió y sus «revelaciones» pasaron a estar teñidas de prescripciones legales y recomendaciones organizativas. Fortalecido gracias a su posición, ordenó ataques contra las caravanas de La Meca, vengándose así de sus compatriotas, hostiles a su mensaje. Obviamente, las victorias obtenidas se consideraron favores de Alá. Después de la batalla de Badr, la posición de Mahoma se reforzó y muchos medineses aceptaron la validez de sus revelaciones. Los poetas medineses que se habían atrevido a ridiculizar su mensaje y su misión (como Asma bint Marwan o Kaab ibn al-Ashraf) fueron asesinados. También se castigó a los judíos que habían criticado el carácter anacrónico de sus revelaciones: el clan judío de los Qainuqa fue expulsado de Medina, y sus bienes confiscados y repartidos entre los fieles. En el 625, los mequíes ganaron la batalla de Uhud, vengándose así de su derrota en Badr. Los medineses culparon de la derrota a los judíos del clan de los Banu Nadir, los cuales se vieron obligados a abandonar el oasis. Después de su éxito en la tercera batalla librada contra los habitantes de La Meca, conocida como la Batalla del Foso, Mahoma ordenó sitiar a los judíos de la tribu de los Banu Qurayza. Una vez derrotados, entre seiscientos y setecientos hombres de la tribu fueron pasados a cuchillo, mientras que las mujeres y los niños fueron vendidos como esclavos. A partir de entonces, el poder de Mahoma se consolidó.

Su situación material también mejoró: una quinta parte del botín fue a parar a sus manos. La doble función política y religiosa que ejercía en Medina —y más tarde en La Meca— se convirtió en el modelo a seguir, marcando para siempre la edad de oro del islam. No obstante, Mahoma no se rindió y siguió atacando su ciudad natal. En el 628 se presentó con un numeroso ejército desarmado a las puertas de la ciudad para hacer la peregrinación a la Kaaba y purificarla del politeísmo. Los mequíes, viendo que no podían vencerle, decidieron pactar con él. Dos años más tarde, los musulmanes tomaron La Meca sin recurrir a las armas. Los últimos opositores se unieron de manera definitiva a Mahoma. Una buena parte de la península arábiga quedó bajo su dominio. Enseguida se enviaron expediciones guerreras fuera de la península. Después de una breve enfermedad, Mahoma murió el 8 de junio del 632, o el 14 del mes Rabi al-Awwal, en el año 11 de la hégira.

Los primeros califas

Después de la muerte de Mahoma, Abu Bakr fue elegido para sucederle. De esa manera se convirtió en el primero de los cuatro califas ortodoxos. Pronto se vio obligado a sofocar la rebelión de las tribus árabes que, después de la muerte del Profeta, ya no se sentían vinculadas a la tribu de los Quraysh. En una serie de batallas conocidas como la «Guerra de los Apóstatas» (*harb al-ridda*), Abu Bakr restableció el dominio sobre las tribus recalcitrantes. Poco después se lanzó a la conquista de toda la península. Murió en el 634 a causa de una enfermedad, pero antes de fallecer nombró sucesor a Omar.

Omar no estaba entre los primeros compañeros de Mahoma. Su conversión al islam no se produjo hasta el año 617. Dirigió el islam durante unos diez años, el tiempo suficiente para obtener diversas victorias sobre los imperios vecinos. En el 636, a orillas del río Yarmuk, puso fin a la dominación bizantina de Siria-Palestina; en el

640 acabó con los sasánidas y, en el 642, Alejandría cayó bajo el asalto de sus tropas. Omar no se limitó a guerrear, sino que estableció un ejército y una administración estructurada y fundó nuevas ciudades como Basora, Kufa y Fustat. También codificó la peregrinación y estableció el calendario de la hégira. En el 644 fue asesinado en la mezquita de Medina sin haber nombrado sucesor.

Después de Omar le tocaba ser elegido a Alí, yerno de Mahoma. Pero la elección no fue unánime y desencadenó una grave disputa, que dividió para siempre el islam entre suníes y chiíes. Con el asesinato de Alí, la época de los califas ortodoxos llegó a su fin. Muawiya trasladó el poder político a Damasco, ciudad conquistada en el 634. Esto marcó también el inicio del cisma entre suníes y chiíes. Aunque los partidarios de Alí fueron derrotados en Kerbala en el 680 y su hijo Husáin perdió la vida en la batalla, la ruptura fue irremediable. A partir de entonces, los suníes y los chiíes pasaron a conformar las principales ramas del islam[4]. Después de esta escisión, la historia del islam conoció multitud de dinastías. Las más importantes fueron las siguientes:

---

[4] En la actualidad, el 85-90 % de los musulmanes del mundo pertenecen a la tradición suní, y el 10-15 %, al chiismo.

Sunismo:

- Omeyas (hasta el 756) en Damasco. Después (hasta 1031) en Andalucía.
- Abasíes (756-1254) en Bagdad.
- Otomanos (ca. 1300-1925) en Estambul.

Chiismo:

- Fatimíes (910-1171) en el norte de África, Egipto.
- Safávidas (1501-1736) en Persia.

Los omeyas

Muawiya trasladó el epicentro del islam de la península arábiga para establecerlo en Damasco. Se trataba de una ciudad importante del Imperio bizantino. Los musulmanes mantuvieron a los cristianos sirios en sus puestos de funcionarios y se beneficiaron de sus conocimientos, indispensables para administrar el imperio. El joven Juan Damasceno seguiría trabajando para el califato antes de hacerse monje en el 735[5]. En el 680, Muawiya rompió con el pasado y nombró sucesor a su propio hijo Yazid, introduciendo así la norma hereditaria en la sucesión califal.

---

[5] Damasceno escribió el *Libro de las herejías*, en el que presentaba el islam como una herejía más; cfr. JUAN DAMASCENO, *Écrits sur l'islam*, Sources chrétiennes, Cerf, París 1992.

Bajo los omeyas, la expansión territorial alcanzó proporciones inesperadas. Al este, las tropas alcanzaron el valle del Indo. Al oeste, cruzaron el estrecho de Gibraltar en el 711 y sometieron el reino de los visigodos. En el 732 llegaron a las puertas de Poitiers, donde Carlos Martel les infligió una derrota que les obligó a retirarse al sur de los Pirineos. A lo largo de estas inmensas conquistas, los omeyas se vieron obligados a mostrar una cierta tolerancia religiosa, sin renunciar por ello a la supremacía de los musulmanes. La desigualdad social entre los musulmanes árabes y las poblaciones conquistadas provocó el descontento de los habitantes de Jorasán donde, en el 746, tuvo lugar una insurrección que se extendió rápidamente hacia el oeste. Dirigida por los abasíes, la batalla del Gran Zab en Irak marcaría el declive de los omeyas en el 750. La mayoría de los miembros de la dinastía fueron asesinados. Solo un descendiente logró escapar para perpetuar el linaje en Andalucía, donde fundó el emirato de Córdoba. Los omeyas marcaron el inicio de la arquitectura religiosa en el islam, cuya muestra más emblemática es la Cúpula de la Roca en Jerusalén. Otros ejemplos incluyen la mezquita de Córdoba en España, la de Cairuán y la de Alepo (destruida en 2013 durante la guerra civil).

Los abasíes

Los abasíes trasladaron su capital a Irak, donde ordenaron construir una nueva ciudad en la región de Bagdad. La civilización musulmana alcanzó aquí su máximo apogeo en los siglos XI-XII. En Bagdad se reunió el saber de la época, se tradujeron al árabe obras científicas de origen griego o siriaco y se cultivó la astronomía, las matemáticas y la medicina. Sin embargo, a medida que disminuía el número de cristianos capaces de traducir la cultura griega al árabe, la civilización entró en declive. Los abasíes se fueron debilitando de forma progresiva y, aunque permanecieron en el poder, el verdadero poder pasó a los buyíes (932-1055) y posteriormente a los selyúcidas. Pero a pesar de su debilidad política, el prestigio del califato abasí aumentó con la desaparición de los omeyas en Córdoba y los fatimíes en El Cairo.

En 1258, los mongoles llegaron a las puertas de Bagdad. Después de un breve asedio, Hulagu Kan tomó la ciudad y puso fin a la dinastía abasí, después de masacrar a miles de habitantes.

Las Cruzadas

La conquista musulmana de Oriente Próximo condujo paulatinamente a una actitud de intransigencia hacia los no musulmanes. Las discriminaciones previstas por la *sharía* se impusieron y contribuyeron a un lento declive de la posición de cristianos y judíos. A principios del siglo XI, al-Hakim se convirtió en califa de la dinastía de los fatimíes en El Cairo. Déspota absoluto, al-Hakim hizo gala de una extraordinaria crueldad y mandó ejecutar a muchos de sus supuestos enemigos. Pronto, a esa crueldad se unió un intenso fervor religioso. El califa ordenó la destrucción de numerosos monasterios e iglesias —entre ellas, la del Santo Sepulcro de Jerusalén—, y obligó a los cristianos a convertirse al islam.

Después de la toma de Jerusalén por los turcos selyúcidas en 1071, la peregrinación a Tierra Santa se hizo cada vez más peligrosa: los robos y los asaltos se multiplicaron. En respuesta, el papa Urbano II convocó una Cruzada para recuperar los santos lugares, invitando a los caballeros de Europa a unirse a su proyecto. Entre 1095 y 1291, los cristianos organizaron nada menos que seis Cruzadas. En ellas participaron numerosos nobles que se trasladaron a Tierra Santa para establecer reinos, aunque ninguno de ellos duró mucho tiempo. La suerte de los cruzados osciló entre la victoria y la derrota, hasta su caída definitiva en la batalla de Acre en 1291[6].

---

[6] Véase S. Runciman, *Historia de las Cruzadas*, Alianza, Madrid 2012.

En conjunto, el balance de las Cruzadas sigue siendo ambiguo: nunca sabremos si sirvieron para frenar la expansión del islam en Occidente ni en qué medida. Además de a una cierta fascinación por Oriente y al establecimiento de contactos comerciales, las Cruzadas contribuyeron sobre todo a endurecer a largo plazo las relaciones entre cristianos y musulmanes. Aunque existen sólidas razones históricas para explicar su origen, este episodio no estuvo a la altura de los grandes ideales cristianos. En el año 2000, el papa Juan Pablo II pidió perdón públicamente por estas aberraciones en nombre del cristianismo. Fue un gesto de un gran significado simbólico. Por desgracia, nunca hemos oído la más mínima autocrítica por parte de los musulmanes sobre su «guerra santa» en Oriente Medio, Anatolia, los Balcanes o España.

Los otomanos

Hacia finales del siglo XIII, una tribu de Anatolia inició su ascenso. Osmán (1299-1326) fue el fundador de una nueva dinastía de origen turco, conocida más tarde como la tribu de los otomanos. Batalla tras batalla, los otomanos se apoderaron de Anatolia, conquistaron Constantinopla en 1453 —poniendo fin a un dominio bizantino de más de mil años—, invadieron los Balcanes y se expandieron por la península arábiga y el norte de África. En dos ocasiones (1529 y 1683) sitiaron Viena, amenazando así a toda Europa. Solo un levantamiento en Lepanto (1571) y la llegada de las tropas de Juan Sobieski (1683) salvaron al continente de un destino musulmán. Los otomanos eran hábiles organizadores, guerreros feroces y constructores refinados, pero no dejaron demasiadas huellas en el plano intelectual o teológico. No obstante, mostraron un considerable grado de pragmatismo con la introducción del *qanun*, un código legislativo que regulaba los asuntos que no estaban previstos en la *sharía*. Se sirvieron también de un sistema llamado de *millets* para gestionar las diferentes minorías religiosas. Gracias a este sistema, cada confesión podía, dentro de ciertos límites, organizarse en función de sus propias reglas.

Los otomanos dominaron con mano de hierro el mundo musulmán y buena parte de los Balcanes hasta principios del siglo XX. Su dominio no solo dejó buenos recuerdos. La Primera Guerra Mundial supuso el fin de la dinastía. El «enfermo del Bósforo» agonizaba desde hacía tiempo cuando las potencias occidentales desmantelaron definitivamente el imperio. Al nuevo Estado turco solo le quedó Asia Menor. Se abolieron instituciones ancestrales, como el sultanato y el califato, y las minorías étnicas y religiosas sufrieron la violencia nacionalista de los jóvenes turcos[7]. Después del desmantelamiento del Imperio otomano, Egipto, Libia, Túnez, el Líbano, Siria e Irak se repartieron entre Inglaterra, Francia e Italia.

El chiismo

Los conflictos sucesorios después del asesinato de Alí, el yerno de Mahoma, dividieron irremediablemente a la umma (la comunidad musulmana) en suníes y chiíes. Su hostilidad mutua es profunda y perdura hasta nuestros días. En el plano político, el chiismo tuvo su apogeo entre los siglos X y XII, cuando la dinastía fatimí minoritaria reinaba sobre la mayoría suní en el norte de África (910-969) y Egipto (969-1171).

La doctrina chií comparte el Corán con los suníes, pero incorporó en su pensamiento elementos de origen zoroástrico e indio, aunque un chií negaría con vehemencia esta afirmación. Los chiíes duodecimanos (la corriente mayoritaria) creen en la ocultación del último imán. Este último imán (duodécimo) no habría muerto, sino que estaría escondido, en *ghayba* («ausencia»), y viviría como un imán oculto en un mundo invi-

---

[7] El genocidio de los armenios (alrededor de 1,5 millones de víctimas) puso fin a la presencia armenia en Anatolia. Las masacres de griegos en Tracia y Asia Menor y el intercambio de población a raíz del Tratado de Lausana en 1923 redujeron a los griegos a una minoría muy reducida.

sible. Al final de los tiempos, se supone que el Mahdí oculto regresará en compañía del Mesías[8]. El chiismo está muy influido por la mística y posee una jerarquía muy definida. Los fieles se agrupan libremente en torno a un guía espiritual que, en función de su erudición, sus enseñanzas, el reconocimiento por parte de los fieles y el número de discípulos, puede convertirse en hoyatoleslam, ayatolá o incluso gran ayatolá.

Actualmente, el chiismo representa en torno al 10 y el 15 % de los musulmanes de todo el mundo. Está presente sobre todo en Irán, donde posee la categoría de religión oficial y representa al 40 % de los chiíes del mundo. El resto se reparte entre Irak, Yemen, el Líbano, Azerbaiyán y algunas regiones de Arabia Saudí, Afganistán y Pakistán. En el marco de este libro, las particularidades doctrinales del chiismo no poseen demasiada importancia. Basta con saber que la presencia chií en Europa es muy inferior a la de los suníes. Desde la revolución iraní de 1979, el chiismo empezó a desempeñar un papel más importante en el plano político, aunque tradicionalmente era de tendencia más bien quietista. Dos grandes dinastías chiíes han pasado a la historia: los fatimíes y los safávidas.

---

[8] En otras corrientes del chiismo, como los septimanos (ismailíes) o los zaidíes, el concepto de ocultación es algo diferente.

Los fatimíes

La dinastía fatimí desciende de Fátima, la hija de Mahoma. Los fatimíes reinaron en el norte de África *(910-969)* y después en Egipto (969-1171). Los misioneros chiíes procedentes del norte de Siria lograron la conversión de la tribu bereber de los Kutama. Este acontecimiento preparó el terreno para la fundación de la dinastía fatimí en el norte de África. Poco tiempo después se apoderaron también de Sicilia. En el 969 lograron conquistar Egipto, donde los fatimíes gozaron de gran influencia artística y cultural. Aun así, el chiísmo no logró establecerse allí de forma duradera. En la actualidad, el norte de África y Egipto son totalmente suníes.

Los safávidas

Procedentes de una cofradía suní con tendencias místicas (*tariqa*), los safávidas conquistaron Persia y gran parte de Irak en el siglo XVI a partir de la ciudad de Tabriz. El fundador de este nuevo Estado, Ismaíl I, impuso una teocracia, convirtiendo el país al chiísmo duodecimano para distanciarse de los otomanos suníes. Los safávidas reinaron en lo que actualmente es Irán hasta 1736 y contribuyeron a un considerable florecimiento cultural. Como resultado de estas circunstancias históricas, Irán es hoy el mayor país chií del mundo.

Época colonial

Cuando, en 1798, Napoleón conquistó Egipto con cincuenta mil hombres, la modernidad irrumpió bruscamente en un universo de creencias profundamente arraigadas. De pronto, el mundo musulmán despertó de su antiguo letargo y se percató, con amargura, de su atraso técnico y cultural. La pregunta: «¿Cómo es posible que estos infieles venidos de lejos hayan vencido a los discípulos del último de los profetas, a la mejor de las comunidades (cfr. sura 3, 110)?» empezó a rondar en la mente de los musulmanes. Más tarde, esta pregunta se convertiría en una obsesión.

Una primera reacción consistió en apropiarse rápidamente de la sabiduría occidental. Diversas delegaciones de jóvenes prometedores fueron enviadas a Europa para estudiar las ciencias, con el objetivo de trasladar aquellos conocimientos a Egipto, Túnez y Asia Menor. De este modo pretendían ponerse a la altura de Occidente en poco tiempo y restablecer su «hegemonía natural». Entre estos jóvenes había también algunos hombres religiosos, como el joven imán Rifa'a al-Tahtawi, cuyo libro, *El oro de París* –que contiene sus observaciones sobre Francia entre 1826 y 1831–, marcó el comienzo del renacimiento cultural en el mundo árabe, conocido como *Nahda*[9]. Medio siglo más tarde otro joven imán, Muhammad Abduh (1849-1905), fue enviado al exilio en el Líbano y Europa. Abduh pasó cuatro años en Francia y se familiarizó con el pensamiento occidental de finales del siglo XIX. A su regreso, criticó duramente la esclerosis del pensamiento islámico y de los centros de enseñanza, como la Universidad de al-Azhar en El Cairo. En lugar de la imitación estéril de la tradición, Abduh proponía una vuelta al *iytihad*, el pensamiento independiente, para hacer frente a los desafíos de la modernidad. Estaba convencido de que el «razonamiento islámico» de antaño era lo que había hecho grande a la civilización musulmana. Fue uno de los reformadores más emblemáticos del modernismo islámico. Sin embargo, al abogar por el regreso a la época de los antepasados piadosos se convirtió, sin querer, en el padre del salafismo moderno.

Entre los alumnos de Abduh estaba Rashid Rida (1865-1935), que más tarde se convertiría en el líder del salafismo moderno, basándose en los escritos de los teólogos Ibn Taymiyya (1263-1328) e Ibn Abd al-Wahhab (1702-1792). Alí Abd al-Raziq (1888-1966) se considera también

---

[9] Véase R. AL-TAHTÂWÎ, *L'Or de Paris*, Sindbad-Actes Sud, París 1988.

discípulo del pensamiento de Abduh. No obstante, en su famoso libro *El islam y los fundamentos del poder*[10] defiende la separación entre la religión y el Estado en el islam. La colonización del norte de África y Oriente Próximo por parte de Inglaterra, Francia e Italia desencadenó una toma de conciencia en el mundo musulmán. Frente al dominio tecnológico, político y militar de las potencias coloniales, el islam se convirtió en cierto modo en el símbolo de la especificidad cultural y en el baluarte de la lucha anticolonial.

Desarrollos contemporáneos

El final de la Segunda Guerra Mundial supuso el fin del colonialismo en el mundo. En poco tiempo, Francia e Inglaterra se vieron obligadas a abandonar definitivamente el norte de África y Oriente Próximo. Jordania y Siria lograron la independencia en 1946, Egipto en 1953, Marruecos, Túnez y Sudán en 1956, Irak en 1958 y Argelia en 1962. Estas partidas no estuvieron exentas de conflictos e incluso de enfrentamientos sangrientos.

Una amalgama de reivindicaciones nacionalistas y religiosas contribuyeron al establecimiento de los nuevos Estados. En un primer momento

---

[10] Véase A. ABD AL-RAZIK, *El islam y los fundamentos del poder*, Universidad de Granada, Granada 2008.

predominó el nacionalismo. Gamal Abdel Nasser unificó a las multitudes con su panarabismo de tintes socialistas, aunque no logró satisfacer las expectativas de la población en términos de progreso económico. Paralelamente surgieron en Egipto movimientos como los Hermanos Musulmanes, que reivindicaban el pasado glorioso del islam[11]. Al mismo tiempo, el wahabismo saudí —hasta entonces, una secta insignificante de la península arábiga— empezó a adquirir influencia política, alimentado por las ganancias del petróleo.

Esta combinación de circunstancias ha marcado la geopolítica hasta nuestros días. A partir de los años 60 del siglo pasado, los regímenes laicos, alineados con la Unión Soviética, empezaron a entrar en conflicto directo con las reivindicaciones musulmanas. Los Hermanos Musulmanes fueron perseguidos, encarcelados y varios de sus líderes ejecutados. Sin embargo, en un contexto de promesas económicas y militares fallidas (sobre todo, después de la Guerra de los Seis Días contra Israel en 1967), este modelo político, a menudo calcado del constitucionalismo occidental, empezó a encontrar cada vez más

---

[11] Los Hermanos Musulmanes es una organización suní internacional fundada en Egipto en 1928 por Hassan al-Banna. Su objetivo consiste en establecer repúblicas islámicas en Egipto, Siria, Túnez, etc. Véase F. BERGEAUD-BLACKLER, *Le Frérisme et ses réseaux, l'enquête*, Odile Jacob, París 2023.

resistencia. El eslogan «el islam es la solución» empezó a alimentar la esperanza de mucha gente. Los regímenes laicos se vieron obligados a hacer concesiones para mantenerse en el poder. Por eso, la *sharía* se está convirtiendo poco a poco en una parte importante de la jurisprudencia de muchos países, en detrimento de la libertad en materia de matrimonio, religión, minorías, etc.

En 1979, la revolución islámica en Irán permitió al islam político establecerse en la escena internacional, mientras que la invasión de Afganistán por parte de la Unión Soviética internacionalizó la lucha islamista. Estados Unidos apoyó a los grupos yihadistas en su lucha contra el comunismo. Pero, con el paso del tiempo, esos movimientos se hicieron incontrolables, se independizaron y empezaron a perseguir sus propios objetivos. Al final de una larga guerra, los talibanes acabaron estableciendo un régimen dictatorial en Afganistán, después de un breve intervalo de dominio estadounidense entre 2001 y 2021.

A partir de los años 70, diversos grupos terroristas empezaron a cometer atentados contra infraestructuras y símbolos occidentales[12]. Los aten-

---

[12] El terrorismo islámico comenzó con la toma de rehenes en aviones, y prosiguió con ataques a instalaciones militares en el Líbano, a embajadas, etc. No obstante, no hay que olvidar que la

tados del 11 de septiembre de 2001 marcaron el punto culminante de esos ataques. Poco después, una coalición dirigida por Estados Unidos invadió Irak e hizo caer el régimen de Sadam Husein al cabo de unos días. Pero en lugar de estabilizar el país, la inseguridad y el conflicto confesional entre suníes y chiíes se apoderaron de él, favoreciendo el surgimiento del Estado islámico, con su violencia sectaria y sus ambiciones genocidas. Después de su derrota en el plano militar, diversos grupos que se proclaman seguidores del Estado islámico siguen sembrando el terror en otras partes del mundo, especialmente en los países del Sahel.

A pesar de sus diferencias políticas, países como Arabia Saudí, Catar e Irán no han perdido de vista el objetivo último del islam, es decir, la sumisión del mundo a Alá. Persiguen este objetivo financiando mezquitas en todo el mundo y concediendo becas. Para no despertar la desconfianza occidental, adoptan una forma de «poder blando» que se traduce en inversiones masivas en deporte y cultura, o en la financiación de cátedras universitarias en prestigiosas universidades de Estados Unidos o Inglaterra[13].

---

mayoría de las víctimas del terrorismo islámico (en concreto, el 90 %) son musulmanes; véase: https://www.fondapol.org/etude/les-attentats-islamistes-dans-le-monde-1979-2021.

[13] Véase C. CHESNOT y G. MALBRUNOT, *Qatar Papers*, Michel Lafon, París 2019.

II.
LAS FUENTES
DEL ISLAM

Las fuentes del islam son el Corán y la sunna. A ellas podría añadirse la *sirah*, que recoge las biografías de Mahoma establecidas aproximadamente un siglo después de su muerte. Los musulmanes las consultan constantemente, por eso conviene conocerlas un poco. La *sharía*, la ley musulmana, se deriva del Corán y de la sunna y hace de la cultura musulmana una cultura fuertemente marcada por el derecho y el legalismo. Sin olvidar los deberes de los cinco pilares del islam, que los musulmanes deben cumplir para vivir de acuerdo con su fe.

El Corán

Las revelaciones de las que Mahoma se convirtió en mensajero constituyen lo que más tarde se convertiría en el Corán, el libro sagrado de los musulmanes. El Corán es el fundamento, la base y el corazón del islam y de la cultura que forjó. Ninguna religión se remite tanto a un texto sagrado como el islam. Después de la muerte de Mahoma, empezaron a circular multitud de versículos revelados. Consciente del peligro que constituían tantas versiones dispersas y variadas, Otmán, el tercer califa, ordenó en torno al año 660 que todos los fragmentos escritos fueran enviados a La Meca. A partir de esos manuscritos, muchas veces encontrados en soportes como omóplatos de camello o trozos de cuero, se constituyó la versión oficial del Corán. Los soportes reunidos se quemaron para evitar cualquier posible equívoco[1]. Sin embargo, los signos diacríticos o las vocalizaciones (signos necesarios para la correcta comprensión de un texto escrito en árabe) estuvieron ausentes en esta versión. Esta ausencia puede dar lugar a lecturas diferentes y ambiguas. Por eso, a pesar de las precauciones de Otmán y del objetivo de su proyecto, el islam conoce un número importante de comentarios e interpretaciones[2].

La versión oficial del Corán consta de 114 capítulos llamados suras o azoras. Las suras están dispuestas en orden descendente en función

---

[1] Cfr. R. BLACHÈRE, *Le Coran*, PUF, París 1996.

[2] Véase A. MÉRAD, *L'exégèse coranique*, PUF, París 1998; H. ENNAIFER, *Les commentaires coraniques contemporains*, PISAI, Roma 1998.

de su extensión y llevan títulos tan enigmáticos como «la vaca», «la araña», «María» o «el trueno». La organización de las suras no sigue un orden cronológico ni ningún otro sistema, lo cual complica considerablemente su lectura. Las ambigüedades son numerosas y muchas veces contradicen las reivindicaciones del islam, que se considera una religión clara y lógica. Por ejemplo, se dice que el Corán fue revelado en el árabe más puro (sura 16, 103), cuando en él podemos encontrar un número considerable de palabras de origen extranjero[3]. Los primeros musulmanes estaban convencidos de que la belleza lingüística y poética del Corán era inimitable *(idjaz)*, y erigieron esta convicción en dogma[4]. Varios poetas que se atrevieron a rebatir esta pretensión, escribiendo versos para demostrar lo contrario, pagaron su osadía con su vida.

El Corán habla con frecuencia de las «gentes del libro» *(ahl al-kitab)*, para referirse a los judíos y su Torá y los cristianos y su evangelio. Esta designación puede llevar a equívocos. Efec-

---

[3] Cfr. A. MÉRAD, *L'exégèse coranique*, o.c., p. 28; los especialistas identifican hasta 275 palabras de origen persa, hebreo, siriaco y griego; cfr. *Les emprunts lexicaux dans le Coran*, https://journals.openedition.org/bcrfj/6620; Christoph Luxenberg enumera 1.250 palabras de origen siriaco.

[4] Cfr. L. BERGER, *Islamische Theologie*, UTB, Viena 2010, p. 44.

tivamente, los cristianos se basan en el evangelio, pero si la relación de los musulmanes con el texto sagrado puede recordar a la de la *sola scriptura* de los protestantes, eso no hace del cristianismo una religión del libro, sobre todo si pensamos en la tradición católica u ortodoxa. A diferencia del Corán, la Biblia no cayó del cielo. Es un libro inspirado, con una rica historia de redacción y una gran variedad de estilos y géneros literarios, resultado de las reflexiones de multitud de autores a lo largo de los siglos.

La sunna

Además del Corán, la tradición y la práctica (sunna) de Mahoma constituyen también una fuente significativa para el islam. Cuando Mahoma murió, muchas cuestiones prácticas de la vida no se habían resuelto definitivamente, ni el Corán tenía todas las respuestas. Con el paso del tiempo, empezaron a circular relatos que reivindicaban la autoridad de Mahoma para explicar y aclarar pasajes del Corán. Estos hadices (literalmente, «comunicaciones») solían contar que alguien había oído decir a otro, que a su vez había oído decir a otro, que alguien había consultado a Mahoma sobre tal o cual cuestión. Su respuesta o acción se convirtieron así en modelos de comportamiento para los musulmanes. Cada hadiz se apoya en una cadena de transmisión *(isnad)* considerada fiable para subrayar su credibilidad. Con el paso del tiempo se recopilaron amplias colecciones de hadices. Los suníes consideran auténticas seis colecciones. Las más famosas son las de *Muslim* y las de *Bujari*.

Los hadices abarcan un amplio abanico de temas: las abluciones, la orientación de la oración, cuestiones de herencia, la conquista y la estrategia militar, las relaciones entre musulmanes y no musulmanes, etc. La credibilidad de los hadices adquirió gran importancia después de la división entre suníes y chiíes y, sobre todo, después del traslado del poder a Damasco por parte de los omeyas, y más tarde a Bagdad bajo los abasíes. Por medio de los hadices, las distintas facciones islámicas buscaban reforzar sus posiciones en detrimento de sus adversarios recurriendo a la autoridad de Mahoma, el último de los profetas. Junto al Corán, estos textos constituyen la base de la *sharía* y definen la normatividad de la fe musulmana.

La *sharía*

Aunque solo unos 500 o 600 de los 6.616 versículos o aleyas del Corán tienen carácter jurídico, el islam en su conjunto es una religión con una fuerte connotación legalista. El legalismo es constitutivo del islam y de la comunidad de musulmanes (umma). La *sharía* es la ley divina, positiva e inmutable, válida hasta el final de los tiempos. La resolución de las cuestiones legales ocupa una buena parte del tiempo de los teólogos-jurisconsultos *(fuqaha)*, que examinan minuciosamente los textos y las tradiciones para legislar sobre los más mínimos detalles de la vida.

La *sharía* incluye el derecho familiar (matrimonio, herencia, etc.), el penal *(muamalat)* y el culto *(ibadat)*. La pureza corporal ocupa un lugar importante. Las abluciones rituales que preceden a la oración o las posiciones durante la misma están meticulosamente prescritas. Todos los actos humanos se clasifican de manera esquemática, y van desde el deber *(fard)* a la recomendación *(mandub)*, desde el permiso *(halal)* a los actos blasfemos *(makruh)* o prohibidos *(haram)*. La comida halal se ha convertido en un elemento emblemático de estas múltiples obligaciones. Hoy en día, las prescripciones relativas a la comida halal se han vuelto omnipresentes. El más mínimo rastro de cerdo en una sustancia basta para considerarla impura. Así, el uso de gelatina de cerdo en algunos dulces hace que se los considere prohibidos. Muchos comedores escolares y profesionales han renunciado a servir jamón o salchichas[5]. En internet hay multitud de páginas

---

[5] Véase F. Bergeaud-Blackler, *Le marché halal ou l'invention d'une tradition*, Seuil, París 2017.

(la mayoría de tendencia fundamentalista) que proponen soluciones acordes con el islam en temas de alimentación, higiene, finanzas o relaciones entre hombres y mujeres.

Desde un punto de vista occidental, la *sharía* es conocida y condenada sobre todo por las penas arcaicas y crueles que propone en caso de adulterio, robo, apostasía, etc. La flagelación, el corte de manos, la crucifixión o la lapidación por delitos prohibidos por la *sharía* han sido prácticas habituales a lo largo de la historia. Actualmente se siguen aplicando en numerosos países, como Afganistán, Pakistán, Arabia Saudí, Irán, Malasia, etc., y los grupos fundamentalistas reivindican su introducción en Occidente.

En el siglo VIII se establecieron cuatro escuelas jurídicas suníes y una chií. El hanbalismo es la escuela menos extendida, pero la más rigorista, pues insiste en una lectura literal del Corán. Surgió como una reacción conservadora frente a la corriente racionalista de los mutazilíes. En la actualidad, los musulmanes fundamentalistas se proclaman de esta escuela. Las escuelas malikí, hanafí y shafí no se diferencian mucho en el plano jurídico, sino principalmente en su distribución geográfica. A pesar de estas escuelas, la mayoría de los musulmanes no reconocen ninguna autoridad común en materia de doctrina desde la abolición del califato en 1924. No existe una definición comúnmente aceptada de lo que es el islam verdadero, y siempre habrá opiniones divergentes, hasta el punto de que el islam puede ser una cosa y la contraria. Esto ha llevado al escritor Rémi Brague a comentar: «El islam se desliza constantemente del hecho para refugiarse en el derecho, de lo real a lo ideal; y cuando se le recuerda que el derecho sigue vigente, pasa al hecho»[6]. La ausencia de autoridad es una de las principales causas de las diferencias de opinión e interpretación en el seno del islam contemporáneo.

Desde hace más de un siglo, el mundo musulmán vive sumido en la confusión. Poco a poco han ido surgiendo corrientes cada vez más radicales, de las que el Estado islámico es el último ejemplo[7]. En parte, esta evolución se debe a un descrédito de las élites tradicionales en materia de religión. Durante siglos, la interpretación del Corán era un privilegio exclusivo de los ulemas (los eruditos musulmanes). Estos hombres de religión solían estar casi siempre ligados al poder político (lo cual no se consideraba un problema,

---

[6] R. Brague, *Nous voyons l'islam avec des lunettes chrétiennes*, entrevista en «Famille Chrétienne» (31 de julio de 2023).

[7] Hay musulmanes que piensan que la violencia sectaria de las últimas décadas podría ser el principio de un cuestionamiento, parecido al de las guerras de religión del siglo XVI, y conducirnos a un mayor entendimiento y una mayor tolerancia religiosa.

sino todo lo contrario) y, frente a las masas, en general poco instruidas, gozaban de privilegios y prestigio.

En el marco de la evolución política y social del siglo XIX y principios del XX, se llevaron a cabo campañas de alfabetización y se modernizó el ejército y la administración. Estas campañas contribuyeron a debilitar el monopolio de los ulemas. A partir de entonces, las personas instruidas pudieron tener un acceso directo al texto coránico. Y no dudaron en interpretarlo a su antojo[8]. La mayoría de estos nuevos lectores eran profesores o ingenieros. Pero, aunque sabían leer el Corán, carecían del bagaje cultural e histórico (que abarcaba las interpretaciones que el Corán había suscitado antes que ellos) que les habría permitido hacer una lectura más matizada. La tendencia literalista inherente al islam les sirvió de clave de lectura. Si a esto añadimos sus reivindicaciones políticas y su crítica a la esclerosis de las sociedades musulmanas, a la corrupción de las élites y al modelo occidental —representado por las potencias coloniales—, se obtiene una mezcla explosiva que condujo a

---

[8] Se trata de una evolución bastante similar a la del mundo cristiano durante la Reforma. Cuando todo el mundo pudo leer la Biblia e interpretarla a su antojo, la ruptura de la unidad cristiana en una multitud de comunidades sectarias fue inevitable.

la abolición de las autoridades religiosas tradicionales y al auge del llamado «islam de los ingenieros»[9].

Los cinco pilares del islam

Los únicos aspectos que suscitan la unanimidad entre los fieles son los deberes correspondientes a los cinco pilares del islam. Todo musulmán está obligado a cumplirlos:

- La *profesión de fe (shahada)*: «No hay más Dios que Alá y Mahoma es su profeta». Esta declaración convierte irreversiblemente a un hombre o a una mujer en musulmán. La profesión de la unicidad de Dios *(tawhid)* hace del islam una religión monoteísta. No obstante, ese monoteísmo rechaza de forma categórica el monoteísmo trinitario como el peor de los pecados.

- Las *cinco oraciones diarias (salat)*, que varían en función del ciclo solar. Según la tradición, Mahoma habría subido al cielo para negociar con Dios el número de oraciones diarias, y habría conseguido reducirlas de cincuenta a cinco. Existe una oración al amanecer *(fajr)*, una al mediodía *(dhuhr)*, una a media tarde

---

[9] Véase J. BIRNBAUM, *Un silence religieux*, Seuil, París 2016.

(*'asr*), otra al atardecer *(maghreb)* y otra por la noche *('icha)*. Cada oración dura entre cinco y diez minutos y va precedida de abluciones minuciosamente prescritas.

- La *limosna (zakat)* es la obligación de ayudar a los pobres y a los necesitados. Normalmente representa en torno al 2,5 % de los bienes e ingresos.

- El *ayuno (sawm)* consiste en no comer ni beber desde el amanecer hasta la puesta del sol durante el mes de Ramadán.

- Todo musulmán debe hacer la *peregrinación (hajj)* a La Meca, al menos una vez en la vida, entre el día 8 y el 13 del mes lunar de *dhu al-hijja*. Pueden realizarse otras peregrinaciones a La Meca, pero estas no sustituyen a la peregrinación oficial.

Estos cinco pilares no se mencionan explícitamente en el Corán: proceden de un hadiz que aparece recogido tanto por Bujari como por Muslim.

III.
EL ISLAM, UN DESAFÍO
PARA NUESTRO TIEMPO

Aunque, desde hace mucho tiempo, las raíces cristianas de Occidente se ponen en duda y su influencia disminuye visiblemente, el paisaje cultural e institucional sigue siendo en gran medida deudor del cristianismo. Sin querer caer en un alarmismo innecesario, hay que reconocer que el islam y su visión del mundo plantean desafíos considerables a la cultura marcada por el cristianismo. Todas las culturas del mundo se basan en una cosmología y poseen una cierta noción de un ser o una inteligencia superior[1]. Sin embargo, desde hace más de dos siglos, las ideologías modernas nos han hecho creer que solo los aspectos materiales, como la raza, la economía, las finan-

---

[1] Las ideologías que se proclaman explícitamente ateas, como el comunismo, no han logrado establecer una civilización duradera. Las diferentes tentativas han terminado en amargos fracasos, causando además millones de víctimas.

zas, los cambios sociales, los medios de producción o la fuerza militar ejercen una influencia en el destino de la humanidad, mientras que las cuestiones espirituales deberían considerarse meras supersticiones. Algunas de estas «certezas» modernas (como la idea de la supremacía racial) han quedado completamente desacreditadas. Otras se han puesto a prueba debido a la presencia de inmigrantes de cultura musulmana y a la aparición del fundamentalismo musulmán, cuyas motivaciones no parecen encajar demasiado bien en los esquemas explicativos habituales de nuestras doctrinas públicas.

Contrariamente a la concepción generalizada, la visión de Dios y la teología que de ella se deriva no son un capricho abstracto propio del pasado, ni un falso problema sin repercusión alguna en el curso de la historia[2]. La visión de Dios, del mundo y del hombre termina, tarde o temprano, por tener implicaciones muy concretas en el plano personal y político. Conviene tener en cuenta las convicciones teológicas y religiosas de las personas porque, de lo contrario, corremos el riesgo de ignorar una fuerza fundamental en la historia humana. En su libro *Inventing the Individual*, Larry Siedentop demuestra

---

[2] Cfr. J. RATZINGER-BENEDICTO XVI, *Iglesia, ecumenismo y política*, BAC, Madrid 2005.

de una manera muy convincente hasta qué punto el cristianismo ha contribuido a la noción de persona y a la creación de estructuras políticas que respetan la libertad del individuo[3]. Otros autores han subrayado la importancia de la visión cristiana para el desarrollo del pensamiento científico[4] o de la economía[5].

Para comprender los desafíos a los que nos enfrentamos, debemos tomar el islam tal y como es, sin suavizarlo ni pretender adaptarlo a nuestra sensibilidad. De nada sirve intentar averiguar si Mahoma existió o no, si el Corán fue revelado en árabe puro o si los hadices son auténticos o no. Los estudios y las investigaciones realizadas en estos ámbitos pueden tener un valor académico, pero cuando se trata de comprender la

[3] Cfr. L. SIEDENTOP, *Inventing the Individual*, Penguin Books, Londres 2015. Los aztecas estaban convencidos de que solo los sacrificios humanos servían para mantener el equilibrio del cosmos. Esto les llevó a esclavizar a otras tribus y ofrecerlas al sol. Los hindúes, por su parte, están convencidos de que la condición humana de cada uno es la justa retribución por su comportamiento en una vida anterior. Esto explica el establecimiento de un sistema de castas y la falta de compasión de los ricos hacia los menos afortunados.

[4] Véase S. L. JAKI, *The origin of science and the science of its origin*, Scottish Academic Press, Edimburgo 1978; T. E. HUFF, *The rise of early modern science*, Cambridge University Press, Cambridge 2003.

[5] Véase R. STARK, *How the West won*, ISI Books, Wilmington 2015.

realidad del islam, no sirven absolutamente de nada y no contribuirán a cambiar convicciones ancestrales. Puede que estas investigaciones lleven a algunos musulmanes a hacerse preguntas y a distanciarse, o incluso alejarse, del islam, pero eso no altera en absoluto el contenido de la fe islámica, compartida por millones de fieles en todo el mundo.

Nos disponemos ahora a analizar las implicaciones teológicas, filosóficas, antropológicas, políticas y jurídicas del islam. El recurso a la historia y a la tradición, a las que el islam se refiere constantemente, nos permitirá fundamentar nuestras afirmaciones y sacar consecuencias para el futuro. Por supuesto, la historia nunca es lineal ni avanza de manera constante, pero es poco probable que una civilización milenaria, con convicciones tan firmes y arraigadas como la musulmana, cambie de repente de dirección y empiece a cuestionar una parte tan importante de su legado.

Las quejas por la creciente presencia del islam en Europa son frecuentes, pero al margen de sus aspectos problemáticos, esta presencia nos ofrece una oportunidad histórica para tomar una mayor conciencia de la especificidad del cristianismo y de su aportación cultural. Al igual que el islam, la fe cristiana no es una doctrina abstracta. Posee implicaciones concretas, y su declive está empezando a tener graves consecuencias. El cristianismo, marcado por una teología basada en la razón (el logos), retomó la reflexión filosófica de la antigüedad, dando lugar —después de muchos rodeos y tras un largo proceso de diferenciación— a una visión del hombre como persona libre, así como a un orden político que separa la esfera religiosa de la política. Todo esto constituye uno de los fundamentos de la democracia moderna. Además, la historia parece indicar que las aspiraciones humanas a la participación, al reparto del poder y al respeto de las minorías se desarrollan mejor sobre una base cristiana. Salvo algunas excepciones, solo los países de tradición cristiana han podido establecer a largo plazo sistemas políticos que garantizan una serie de libertades individuales[6].

Las desigualdades basadas en la raza, el sexo o la pertenencia religiosa han atravesado la historia de la humanidad y, muchas veces, los cristianos han obstaculizado el mensaje libera-

---

[6] Sin embargo, no se trata de una evolución inherente y lineal que siga una lógica necesaria. En varias ocasiones, este desarrollo podría haber tomado un rumbo diferente. E incluso los países con una larga tradición cristiana —como Alemania— no son lo bastante inmunes a las derivas dictatoriales. La situación en los países de tradición ortodoxa también es muy ilustrativa. Las diferentes autocefalias ortodoxas parecen contribuir más a cimentar la unidad entre la nación y la religión que a formar ciudadanos de la ciudad celeste.

dor del Evangelio. Sin embargo, Pablo de Tarso provocó una transformación en el pensamiento humano: «La percepción que san Pablo tiene de Cristo dinamita el postulado en el que descansaba hasta entonces el pensamiento antiguo: el de la desigualdad natural. Pablo, por el contrario, apuesta por la igualdad humana»[7]. El cambio iniciado por san Pablo tardó un tiempo –siglos– en convertirse en una realidad tangible, porque la mentalidad humana es poco proclive a los cambios, y los esquemas milenarios muestran una tenaz resistencia. A pesar de esta penosa lentitud, con el paso de los siglos podemos identificar los cambios que se produjeron. Por desgracia, no se trata de un proceso irreversible. Muchas veces, el barniz de civilización es muy superficial, y las libertades que tanto nos ha costado conseguir, siempre amenazadas, requieren un cuidado atento y constante. La experiencia del siglo XX, con sus ideologías totalitarias y asesinas, ilustra demasiado bien este hecho.

Visión de Dios (teología)

El islam es la religión del libro por excelencia. El descenso del Corán desde el cielo es uno de sus fundamentos. Se supone que el Corán fue

---

[7] L. Siedentop, *Inventing the Individual*, o.c., p. 60.

dictado directamente por Alá. En consecuencia, el Corán es coeterno e idéntico a Dios. En términos generales, las características de su revelación hacen del islam un sistema religioso fijo y prácticamente inmutable. La lectura literal del Corán domina prácticamente todo el mundo musulmán, y es imposible que sea de otra manera. En otras palabras, se puede decir que el musulmán sigue un libro, mientras que el cristiano intenta imitar a una Persona, Jesucristo. El Corán presenta a Dios como un ser inaccesible que hace que el mundo exista por medio de su acción incesante. En su inaccesibilidad, Alá lleva un registro minucioso de las malas acciones de los hombres para castigarlos al final de los tiempos. Este pensamiento no impide que los musulmanes se tomen la justicia por su mano y castiguen a los hombres considerados contrarios a los principios del islam.

Alá posee una serie de cualidades que aparecen representadas en 99 nombres, muy venerados por la piedad musulmana. Entre estas cualidades se encuentra su *omnipotencia*, su *omnisciencia* o su *solicitud* por los hombres, pero también aspectos antropomórficos como la *mano de Dios* (sura 48, 10) o sus *ojos* (sura 11, 37; 52, 48). Más allá de su lado austero e implacable, Alá es también el *rahmani rahim* (el clemente, el misericordioso; sura 1, 1[8]). Al mismo tiempo es la alteridad absoluta, el creador del cielo y de la tierra[9]. La voluntad de Alá es una manifestación de su omnipotencia. Domina sobre todo y puede cambiar en cualquier momento las leyes del universo, porque nada puede interponerse en el camino de la acción divina. Los asharíes[10] llegan incluso a afirmar que el bien solo es bueno si Dios así lo quiere. El bien *en sí mismo*, accesible al entendimiento humano, no existiría. Alá permanece insondable e inalcanzable en su esfera divina y no transmite nada de su esencia. Desde este punto de vista, Alá estaría más cerca del dios de los filósofos que del Dios de los judíos y los cristianos. La fórmula coránica: Dios «no ha engendrado ni ha sido engendrado»[11] (sura 112, 3) podría encontrarse con la misma facilidad en un filósofo neoplatónico[12].

Por debajo de Alá, el islam reconoce la existencia de ángeles. El más conocido es Yibril (que

---

[8] Esta fórmula puede recordarnos al *miserator et misericors* del salmo 144, 8.

[9] Cfr. L. Berger, *Islamische Theologie*, UTB, Viena 2010, p. 172.

[10] El asharismo fue la corriente teológica que se impuso en el siglo XI como doctrina oficial.

[11] Todas las citas coránicas están tomadas de *El Corán*, Planeta, Barcelona 2001, trad. de Juan Vernet *(N. de la T.)*.

[12] Cfr. R. Brague, en *Islamische Philosophie im Mittelalter*, WBG, Darmstadt 2013, p. 75.

suele identificarse con el arcángel Gabriel), el encargado de revelar el mensaje coránico a Mahoma. Los ángeles están sometidos a Dios y le sirven por medio de la obediencia y la alabanza constante. Entre los ángeles y los hombres están los *yinn*, unos espíritus o demonios creados a partir del fuego sin humo (sura 55, 15). La sura 72 está explícitamente dedicada a ellos. El mensaje de Mahoma no se dirige solo a los hombres, sino también a los *yinn*. Algunos son creyentes, otros infieles. En el juicio final deberán rendir cuentas de sus actos. Según las creencias populares, hay *yinn* malvados que perjudican a los hombres, los seducen o se vengan de ellos. Los hombres pueden protegerse de ellos con amuletos y talismanes. Los mutazilíes racionalistas dudaban de su existencia, mientras que los teólogos hanbalitas los consideraban un dogma. En el siglo XX, muchos pensadores musulmanes refutaron la existencia de los *yinn*. El reformador Muhammed Abduh (1849-1905), por su parte, decía que las bacterias eran *yinn* porque no se podían ver.

Abraham es considerado el antepasado del monoteísmo. El islam sería la verdadera religión de Abraham (sura 2, 130), adorador del Dios único y antepasado de los árabes a través de su hijo Ismael. Según el Corán, la religión original habría sido distorsionada por los hombres. En diversas ocasiones, Alá envió a otros profetas para recordar a los hombres la religión original. Después de varios mensajeros como Moisés, Lot, Isaac, José o Jesús, y otros profetas extrabíblicos como Hud, Tabit, Salé, etc., Mahoma anunció el mensaje divino como el último, el «sello» de los profetas. El Corán reprocha a los cristianos y a los judíos haber falsificado sus Escrituras *(tahrif)* para no reconocer a Mahoma y unirse a él. Hay al menos ocho pasajes (por ejemplo, la sura 5, 15) en los que se afirma que los judíos y los cristianos falsificaron o alteraron sus Escrituras. Mahoma no se presenta en ningún momento como salvador o redentor. Se contenta con ser el último profeta enviado por Dios para enseñar a la humanidad el verdadero monoteísmo, y para alejar a los hombres de sus extravíos contrarios al mensaje original del Creador.

Los primeros musulmanes no podían sentirse orgullosos de Mahoma que, además de tener defectos humanos, no había realizado ningún hecho extraordinario en comparación con Jesús, que hizo milagros, curó a enfermos y resucitó a los muertos. Con el tiempo, y para solucionar este problema, se empezaron a atribuir a Mahoma hechos milagrosos[13]. La figura de Mahoma se fue idealizando poco

---

[13] Véase T. Nagel, *Allahs Liebling: Ursprung und Erscheinungsformen des Mahometglaubens*, Oldenburg, Múnich 2008.

a poco[14], convirtiéndose así en un hombre infalible[15], el modelo perfecto a imitar[16] o incluso el eje de la creación[17]. A finales del siglo X, los fatimíes introdujeron la fiesta de su nacimiento *(mawlid)*, inspirada en la Navidad[18]. Durante su vida, resultaba peligroso criticar a Mahoma o burlarse de él; después de muerto, los jurisconsultos empezaron a exigir la pena de muerte para todo aquel que se burlara de él o lo cuestionara[19].

Como hemos visto, la lectura del Corán está muy lejos de ser unívoca y su contenido resulta muchas veces ambiguo o incluso contradictorio. Los primeros exégetas se percataron enseguida de esta dificultad y establecieron el principio de abrogación para resolver estas incoherencias. Su labor se basó en la siguiente aleya coránica: «No abrogamos una aleya [versículo] o la hacemos olvidar sin dar otra mejor o igual» (sura 2,

---

[14] En la *Encyclopedia of Seerah*, una enciclopedia sobre Mahoma publicada en ocho volúmenes en Arabia Saudí, la exaltación se vuelve desmesurada, presentándolo como el arquitecto más importante, como físico, químico, sociólogo, etc.; cfr. *Encyclopedia of Seerah*, vol. 1, pp. 263-267 (cfr. T. NAGEL, *Allahs Liebling*, o.c., p. 362).

[15] Cfr. T. NAGEL, *Allahs Liebling*, o.c., pp. 171-172.

[16] Cfr. *ibídem*, p. 247.

[17] Cfr. *ibídem*, p. 239.

[18] Los salafistas rechazan esta fiesta porque la consideran una invención pagana.

[19] Véase T. NAGEL, *Allahs Liebling*, o.c., p. 180.

106). Según este principio, una aleya coránica revelada después debe abrogar otra revelada antes. En general, las aleyas clementes y pacíficas reveladas en La Meca, cuando Mahoma se encontraba en una posición de debilidad, fueron sustituidas por las aleyas violentas y belicosas del periodo medinés, cuando Mahoma ejercía el poder político. Teniendo en cuenta que el orden de las suras no es cronológico, es necesario conocer bien la historia y las condiciones de la revelación para poner en práctica el principio de abrogación. Como es lógico, hay muy pocas abrogaciones que hayan sido aceptadas de forma unánime por los eruditos. Según el islamólogo Jacques Berque (1910-1995), 71 de las 114 suras que componen el Corán contienen aleyas afectadas por la abrogación[20]. Estas aleyas se refieren a aspectos de la vida tan variados como las relaciones con los no musulmanes y la libertad religiosa. Veamos un ejemplo. En la sura 2, conocida como «la vaca», la aleya 256 dice: «¡No hay apremio en la religión!». Esta aleya se suele citar para subrayar la misión pacífica del islam. Sin embargo, una aleya revelada más tarde en la sura 48, conocida como «la victoria», abroga este principio:

---

[20] Véase J. BERQUE, *Relire le Coran*, Albin Michel, París 1993.

«Di a los beduinos rezagados: "Sois llamados a combatir a gentes dueñas de gran valor. ¡Combatidlas o islamícense! Si obedecéis, Dios os dará una hermosa recompensa; si os replegáis, como os replegasteis anteriormente, os atormentará con un castigo doloroso"» (sura 48, 16).

Según los exégetas, la aleya conocida como la «espada», que se dirige directamente a los politeístas, pero también a los cristianos (a los que llama «asociadores»), abrogaría un centenar de aleyas anteriores que llaman a la conciliación pacífica:

«Cuando terminen los meses sagrados, matad a los asociadores donde los encontréis. ¡Cogedlos! ¡Sitiadlos! ¡Preparadles toda clase de emboscadas! Si se arrepienten, cumplen la plegaria y dan limosna, dejad libre su senda: Dios es indulgente, misericordioso» (sura 9, 5).

En sus intervenciones en la prensa o en los platós televisivos, los representantes musulmanes suelen confundir al público citando únicamente los pasajes clementes del Corán para subrayar el carácter pacífico del islam. Sin embargo, teniendo en cuenta el principio bien establecido de la abrogación, mencionar únicamente las intenciones pacíficas del islam revela una cierta deshonestidad intelectual.

Visión del hombre (antropología)

Si la religión ejerce una influencia inevitable en la visión del mundo, lo mismo ocurre con la visión del hombre. La antropología del islam es un elemento más que nos ayuda a comprender las diferencias entre el islam y el cristianismo. Es cierto que el islam señala que el hombre es una criatura de Dios, pero no creada a su imagen y semejanza, como subraya el Génesis (*Gn* 1, 27). El relato de la creación es muy elocuente en el plano antropológico. Mientras que, en la Biblia, Dios crea a Adán y le confía la tarea de dar nombre a los animales y las plantas de la tierra (*Gn* 2, 20), interesándose incluso en qué nombres les da (*Gn* 2, 19), el Corán insiste en que Dios enseñó a Adán el nombre de todas las cosas (sura 2, 31). En este detalle, que puede parecer insignificante, se oculta una gran diferencia. La relación entre el hombre y Dios no es la misma, ni tampoco entre el hombre y la creación. Según el relato bíblico, Dios concede al hombre una cierta autonomía sobre el mundo creado, mientras que el islam se la niega por completo. Dios no cede al hombre; no le concede ningún tipo de libertad. Todo depende de Alá: el hombre solo puede obedecerle y someterse a su voluntad insondable.

La relación del musulmán con Dios constituye otra diferencia en comparación con el cristianismo. Alá da a conocer su voluntad prometiendo una recompensa a aquel que le obedezca y un castigo cruel al que no lo haga. En el islam no se puede hablar en ningún caso de una relación filial entre Alá y el hombre. El hombre es más bien un esclavo *(abd)* de Dios desprovisto de autonomía. Alá no se parece en ningún caso a un padre benévolo, sino más bien a un padre cuya principal función sería castigar. La noción de filiación divina del hombre como fruto de la redención de Cristo es incompatible con la perspectiva coránica. En el contexto islámico, resulta completamente inapropiado hablar de redención. Teniendo en cuenta que el islam no conoce la noción de pecado original, la naturaleza humana no estaría herida ni en espera de redención. Según el islam, el pecado no es más que una simple transgresión de una norma establecida por Alá, cuyas razones profundas escapan al entendimiento humano. El pecado no posee ninguna dimensión antropológica. Solo la amenaza del castigo en el juicio final se cierne sobre la existencia humana y conduce a los hombres por el buen camino.

Como persona, el hombre no posee una dignidad intrínseca por el simple hecho de existir. Está dotado de un grado mayor o menor de dignidad y goza de más o menos derechos en función de su pertenencia al islam, y no por el simple hecho de ser hombre, independientemente de su pertenencia religiosa. Su dignidad no es onto-lógica. Esta gradación de la dignidad se explica por el hecho de que, según el islam, todo hombre nace musulmán. Mientras que, en el cristianismo, el hombre se hace cristiano por medio del bautismo y goza de sus derechos naturales desde el nacimiento, el islam sostiene que la naturaleza original del hombre *(fitra)* sería musulmana[21]. Todo no musulmán, ya sea judío, cristiano o fiel de otra religión, se aleja inevitablemente de su naturaleza primera. En un hadiz recogido en la compilación de Muslim se dice que los no musulmanes son como los animales mutilados[22]. «Los infieles no satisfacen plenamente las condiciones necesarias para ser humanos»[23]. En la misma línea, hay algunos autores que llegan a acusar a los infieles de una auténtica perversión de la naturaleza humana[24]. Históricamente, esta definición de la naturaleza humana ha tenido una influencia considerable desde el punto de vista

---

[21] Se dice que, 120 días después de la concepción, el feto está vivo; el aborto, por tanto, es lícito hasta los 40 días en determinadas condiciones y hasta los 120 días en caso de violación o malformación grave. Más allá de eso, el aborto solo está permitido para salvar la vida de la madre.

[22] Cfr. Muslim, *Sahih*, 2858b.

[23] R. Brague, *Sobre el islam*, Encuentro, Madrid 2024.

[24] Véase A.-F. Ezzati, *Islam and Natural Law*, ICAS Press, Londres 2001, p. 70.

social. La distinción explícita entre musulmanes y no musulmanes en el plano jurídico se convirtió en un elemento estructural de las sociedades musulmanas e impidió la aceptación de la Declaración de los derechos humanos de la ONU de 1948. Ni qué decir tiene que esta concepción es completamente incompatible con la antropología que sustenta la democracia constitucional según el modelo occidental. Por eso no es de extrañar que los Estados musulmanes hayan propuesto la Declaración islámica universal de los derechos humanos (1981) y la Declaración de El Cairo de los derechos humanos en el islam (1990) para restringir —en conformidad con la *sharía*— la libertad de elegir religión y de cambiarla y la libertad de expresión, y para mantener la desigualdad de derechos entre hombres y mujeres. La libertad religiosa que propugna el islam es como una calle de sentido único: cuando se entra en ella ya no se puede salir.

Para el islam, la racionalidad del hombre es una fuente de inquietud más que de conocimiento. A medida que el islam se fue desarrollando, la desconfianza en la razón humana adquirió un giro antirracional que dio lugar al fideísmo[25]. Esta actitud se ha convertido en una característi-

---

[25] El fideísmo es una teoría epistemológica que basa la certeza de las verdades esenciales del orden moral, no solo sobrenatural,

ca de la que el islam no ha podido desprenderse, y que complica la reflexión sobre los desafíos del mundo contemporáneo[26]. Se trata probablemente de una de las principales diferencias entre el islam y el cristianismo[27]. Para los más radicales, como Ibn Taymiyya, solo el conocimiento heredado del Profeta merece el nombre de saber[28]. En el islam, la desconfianza en la razón puede llevar incluso a la negación de la relación causa-efecto en el orden natural[29]. En su libro *La incoherencia de los filósofos*, el teólogo asharí Algazel (1058-1111), uno de los principales maestros del pensamiento islámico, insiste en que Dios no está sujeto a ningún orden y que no existe una secuencia «natural» de causa y efecto[30]:

Desde nuestro punto de vista, la relación entre lo que suele ser una causa y lo que es un efec-

---

sino también natural, en la revelación y la fe, despreciando la razón como fuente de conocimiento.

[26] Véase R. REILLY, *The Closing of the Muslim Mind*, ISI Books, Wilmington 2010, pp. 59-90.

[27] Cfr. M. BROWN, *Islam and the Natural Law*, en «The Levantine Review», vol. 4, n. 1 (2015) p. 32.

[28] Véase R. BRAGUE, *Sobre el islam*, o.c.

[29] En su filosofía neoplatónica teñida de sufismo, Shihab al-Din Suhrawardi (1154-1191) llega incluso a rechazar el principio de no contradicción: cfr. U. RUDOLPH, *Islamische Philosophie*, C. H. Beck, Múnich 2004, p. 81.

[30] Véase R. REILLY, *The Closing of the Muslim Mind*, o.c., p. 62.

to no es una necesidad. Ambas cosas no son lo mismo: la confirmación de una no contiene la confirmación de la otra. La negación de una no implica la negación de la otra. La existencia de una no hace necesaria la existencia de la otra. La inexistencia de una no implica la inexistencia de la otra. Por ejemplo: la relación entre beber y aplacar la sed, la saciedad y comer, la calcinación y el fuego [...][31].

En el lenguaje filosófico, esta postura se denomina *ocasionalismo*. Al negar toda causalidad terrenal, toda acción se atribuye únicamente a Dios. Si todo depende en todo momento de la voluntad divina, entonces –lógicamente– no puede haber actos intrínsecamente buenos o malos. Un acto es bueno o malo solo porque Alá así lo declara, y sus decisiones arbitrarias escapan al entendimiento humano. El cristianismo, por el contrario, ha intentado siempre conciliar la fe con la razón. Es cierto que, a lo largo de la historia, el mundo cristiano ha conocido periodos de fideísmo[32] y de racionalismo[33], pero estas

---

[31] ALGAZEL, *L'incohérence des philosophes*, Edilivre, París 2015, trad. de Tahar Mahdi, p. 245.

[32] Los reformadores protestantes eran muy escépticos respecto a la filosofía. Lutero insistía tanto en la *sola scriptura* como en la *sola fide*.

[33] El racionalismo moderno comenzó con Descartes en el siglo XVII.

dos opciones no nos han hecho olvidar nunca al Dios-logos, como escribe Juan en el prólogo a su evangelio. La Iglesia católica defiende con firmeza la compatibilidad y la armonía entre fe y razón. Juan Pablo II llegó a consagrar una encíclica a este tema, subrayando el origen común de ambas fuentes de conocimiento[34].

En la jerarquía islámica, el hombre musulmán es la suma de la creación. Por debajo de él se encuentra la mujer musulmana. A continuación vienen las gentes del libro, es decir, los judíos y los cristianos, y en el punto más bajo estarían los politeístas. Los ateos serían peores que los perros. En el islam, la mujer no goza de la misma consideración que el hombre, y esto no responde a circunstancias contingentes, históricas y culturales que también existen en otras culturas, religiones o ideologías. Se trata de una desigualdad revelada por Alá, y la *sharía* se muestra inequívoca a este respecto. El testimonio de una mujer ante un tribunal solo vale la mitad que el de un hombre (sura 2, 282)[35], y la mujer solo hereda la mitad de la parte que le corresponde a un hom-

---

[34] Cfr. encíclica *Fides et ratio* (1998).

[35] Según un hadiz de al-Bujari, «las mujeres tienen menos razón y menos fe [...]. La falta de razón se traduce en que el testimonio de dos mujeres no vale más que el de un solo hombre, y la falta de fe se traduce en que la mujer, durante el periodo, ni reza ni ayuna». Cfr. https://sunnah.com/abudawud:4679.

bre (sura 4, 11-12, 176). Lo mismo ocurre con la *diya*, el precio que debe pagar un homicida a los familiares de la persona asesinada: son cien camellos por un hombre y cincuenta por una mujer.

Los hombres tienen autoridad sobre las mujeres. El Corán presenta a las mujeres como un campo que hay que cultivar (sura 2, 223); un hombre puede disciplinar a su mujer, es decir, golpearla, si no se muestra sumisa y obediente (sura 4, 34); la menstruación la hace impura para la oración y el ayuno[36]. Un hombre musulmán puede casarse con una mujer no musulmana, pero lo contrario está prohibido. Un hombre puede practicar la poligamia con un máximo de cuatro esposas y tener relaciones con un número ilimitado de esclavas, mientras que la mujer está ligada a un solo marido (sura 60, 10). Aunque sea mayor de edad, una mujer no puede casarse sin el consentimiento de su tutor legal *(wali)*; puede pedir el divorcio de su marido recurriendo a un tribunal, mientras que al hombre (sura 2, 229-232) le basta con pronunciar tres veces la palabra *talaq* para poner fin a la relación matrimonial (sura 65, 1), respetando el tiempo suficiente para asegurarse de que su esposa no

---

[36] Cfr. hadiz según al-Bujari: https://sunnah.com/bukhari/6.

esté embarazada. Varias aleyas del Corán están consagradas al velo y a la aparición de la mujer en el espacio público (siempre con el permiso de su marido o su *wali*). Las afirmaciones contemporáneas que pretenden hacer de Mahoma un pionero de la igualdad entre hombres y mujeres son claramente construcciones intelectuales que contradicen los preceptos del Corán y la sunna[37].

En general, la relación entre los cónyuges está muy sexualizada. La misma palabra para designar el matrimonio *(nikah)* significa literalmente «penetración». Teniendo en cuenta que el amor carnal solo está permitido para las parejas casadas, algunos ulemas han inventado excusas para legalizar relaciones que de otro modo serían ilícitas. En varios países musulmanes, los hombres y las mujeres pueden aceptar una especie de concubinato abierto de duración indeterminada *(sawadj misiyar)* que deroga las normas del matrimonio tradicional, aunque muchos jurisconsultos se oponen a ello. En las regiones chiíes, es posible contraer un matrimonio (de duración limitada) conocido como matrimonio de placer *(sawadj mut'a)* con una joven o una prostituta.

Es evidente que la situación de las mujeres no ha sido —ni es— siempre fácil en otras partes del

---

[37] Véase G. Ascha, «Mujer», en *Dictionnaire de l'Islam*, Albin Michel, París 1997.

mundo. No se puede negar que los cristianos hayan infringido los mandamientos en perjuicio de ellas y, sin duda, aún queda mucho camino por recorrer para conseguir una verdadera igualdad. No obstante, existe una diferencia abismal entre el hecho de establecer una desigualdad basada en la revelación divina *(teológica)* y una desigualdad derivada de una mentalidad circunstancial y patriarcal *(cultural)*, que puede estar sujeta a cambios. Es cierto que el cristianismo distingue entre hombres y mujeres, otorgando a cada sexo su propia identidad, pero en ningún caso estas diferencias implican una desigualdad de dignidad o una debilidad de la razón, ni justifican un trato diferente ante la justicia, etc. En comparación con la situación en otras culturas, el cristianismo ha sido un vector de cambio positivo para la situación de las mujeres, sobre todo a la hora de exigir el consentimiento mutuo de los esposos en el momento del matrimonio, insistir en la virginidad para ambos sexos, aumentar la edad para el matrimonio de la mujer o proteger la vida de las niñas[38].

El islam subraya la importancia de la umma, la comunidad de los musulmanes. Los intereses de la comunidad priman siempre sobre los

---

[38] Véase L. SIEDENTOP, *Inventing the Individual*, Penguin Books, Londres 2014, p. 116.

derechos personales. La libertad individual, sobre todo en materia de religión y de conciencia, no existe. La tribu, el grupo, el clan y la familia forman un todo, y no se tolera ninguna desviación. En caso de apostasía del islam o de conversión a otra religión, la *sharía* prescribe la muerte para el apóstata. Para evitar cualquier contaminación con el mundo no islámico, el Corán prohíbe formalmente cualquier tipo de amistad entre un musulmán y un judío o cristiano (sura 5, 51). Este principio resulta muy complicado en el contexto actual de gran diversidad religiosa, en el que un cristiano o un judío podrían preguntarse si pueden confiar en la amistad de un musulmán practicante, o si están siendo manipulados o son víctimas de *taqiya*. Tradicionalmente, el principio de la *taqiya* permite a los chiíes ocultar sus creencias en caso de persecución. Entre los suníes, este principio se acepta, pero de una manera más restringida. No obstante, algunos musulmanes radicales suelen practicar una forma de *taqiya* implícita, adoptando comportamientos no islámicos, como beber alcohol, afeitarse la barba o presentar el islam únicamente como una religión de amor y de paz[39]. Incluso podemos ver a musulmanes

---

[39] Véase https://associationclarifier.fr/la-taqiya-ou-dissimulation.

próximos a movimientos salafistas militando con activistas LGBT o en partidos de extrema izquierda, aunque las reivindicaciones de estos grupos se opongan a sus convicciones más profundas. Estas personas utilizan esos partidos y movimientos para promover su propia causa. Mientras persiguen a los homosexuales en los países musulmanes, no tienen reparos en pronunciarse a favor del matrimonio *gay* en Occidente, para asegurarse el apoyo de los medios de comunicación y del mundo político. A pesar de esta engañosa ambigüedad discursiva, sería injusto considerar a todos los musulmanes deshonestos y siempre dispuestos a engañar, como hacen a veces los críticos acérrimos del islam. Pero no es menos cierto que el principio de la *taqiya*, que es el fruto de una doctrina teológica, no tiene equivalente en la teología o la pastoral cristianas: el cristiano que participase en un engaño semejante no lo estaría haciendo en función de sus principios ni de su religión.

Visión del mundo (filosofía)

Durante la expansión territorial del islam, los musulmanes entraron en contacto con civilizaciones que contaban ya con una larga tradición intelectual. Los bizantinos estaban orgullosos de su herencia griega, y los persas, de su pasado imperial. El encuentro del islam primitivo con la tradición heredada del pensamiento griego contribuyó en el siglo VIII a la formación de la corriente mutazilí. Esta corriente utilizaba las herramientas intelectuales de la filosofía griega en su análisis e interpretación del Corán. El califa al-Mamún (786-833) era partidario del enfoque racionalista y, con el fin de reunir conocimientos diversos y variados, fundó en Bagdad la famosa biblioteca *bait al-hikma* (literalmente, «la casa de la sabiduría»), donde se coleccionaban y se traducían libros del griego y del siriaco al árabe[40]. Los mutazilíes rechazaban los antropomorfismos del Corán y la idea del Corán eterno e increado. Defendían el libre albedrío *(qadariya)* frente a la idea de la predestinación *(jabariya)*. Sin embargo, los mutazilíes no eran simples intelectuales ni librepensadores tolerantes. Su intransigencia los llevó a combatir a los literalistas y a incitar al califa a una auténtica persecución de estos últimos, instaurando tribunales de inquisición.

Cuando al-Mutawakkil accedió al califato en el 847, la situación cambió bruscamente. Liberó a Ibn Hanbal, líder de la corriente literalista

---

[40] Fueron sobre todo cristianos quienes realizaron estas traducciones. Según Samir Khalil, alrededor del 90 %, cfr. S. KHALIL, *Muslime und Christen*, Sankt Ulrich Verlag, Augsburgo 2011, p. 59.

y fundador de la escuela jurídica hanbalita. A partir de entonces, se prohibió a los mutazilíes ejercer la enseñanza y se quemaron sus libros[41]. Desde entonces, el escepticismo epistemológico se impuso de manera definitiva. El Corán debía aceptarse tal cual, sin someterlo a los principios de la lógica discursiva.

Las opciones elegidas por las autoridades políticas y religiosas del siglo IX tuvieron consecuencias trascendentales y marcaron el islam para siempre. Lo que llama especialmente la atención es el rechazo de las causas segundas. Actuar según la propia naturaleza no tiene cabida en la cosmología musulmana. Las leyes de la naturaleza serían un obstáculo para la omnipotencia de Dios. En todo momento, Dios debería gobernar las cosas sin ninguna limitación. Dios es pura voluntad, y cualquier deseo de conocer sus motivos es una impiedad. En la tradición occidental, en cambio, Tomás de Aquino introdujo la noción de autonomía relativa de las causas segundas. Una causa segunda no entraría en conflicto con la causa divina. Su efecto es propio,

---

[41] Al-Mutawakkil tampoco mostró demasiada tolerancia hacia los cristianos y los judíos. A partir de entonces tuvieron que llevar signos distintivos y abandonar los puestos de responsabilidad política o administrativa. Las iglesias construidas después de la llegada del islam fueron destruidas y una parte de las casas pertenecientes a judíos y cristianos fueron confiscadas.

sin que sea necesario invocar a Dios a cada momento y sin reclamar una autonomía absoluta[42]. Según la visión del islam, la libertad del hombre prácticamente no existe, lo cual reduce en gran medida la responsabilidad humana. Dios es el creador del bien y el mal, de los actos buenos y malos de los hombres. El bien en sí mismo no existe: todo depende de la voluntad todopoderosa de Alá.

En general, la postura ética del islam tiende a hacer hincapié en las consecuencias de una acción, en detrimento de los medios empleados y de la intención. Esta tendencia es especialmente acusada en el terreno de la medicina (clonación, manipulación genética, etc.)[43]. No se trata de una ética consecuencialista propiamente dicha, en la que «el fin justifica los medios», sino de una hipertrofia del resultado de una acción y de su utilidad para la persona y la sociedad[44]. El razonamiento consecuencialista también está presente en lo que se refiere a la situación del islam en el mundo. Lo que es útil para el islam y la umma se considera bueno, independientemen-

---

[42] Cfr. TOMÁS DE AQUINO, *Summa contra gentiles* III, cap. 17.

[43] Véase T. EICH, *Moderne Medizin und islamische Ethik*, Herder Verlag, Friburgo 2008.

[44] Véase A. SHIHADEH, *Theories of ethical value in kalan*, en *The Oxford Handbook of Islamic Theology*, Oxford University Press, Oxford 2016, p. 402.

te de los medios empleados. El teólogo Algazel ilustra el principio de utilidad *(maslaha)* con un ejemplo no exento de ironía: si los enemigos del islam se esconden en un grupo de musulmanes, está permitido eliminar a todo el grupo, porque eso permite la protección de la comunidad en su conjunto[45]. Dios sabrá reconocer a los suyos.

En el siglo X, el teólogo al-Ashari (874-935) asestó un golpe mortal al racionalismo de los mutazilíes. Después de haber sido mutazilí en su juventud, al-Ashari se convirtió, refutó públicamente sus antiguas convicciones y se reconcilió con los tradicionalistas más radicales, los hanbalitas[46]. A partir de entonces, profesó un acusado antiintelectualismo y terminó alejándose definitivamente de la filosofía. La razón estaría demasiado corrompida por la actitud egoísta y el interés personal del hombre para proporcionar un conocimiento fiable. Después de una lucha apasionada e incluso violenta entre los partidarios de la doctrina de al-Ashari y los racionalistas, el asharismo se impuso como doctrina oficial en el siglo XI. Esta postura sigue vigente hasta nuestros días y se enseña en las principales universi-

---

[45] Cfr. M. KHADDURI, *Maslaha*, en *Encyclopédie de l'Islam*, 2.ª edición.

[46] Véase L. GARDET y G. ANAWATI, *Introduction à la théologie musulmane*, J. Vrin, París 1970, p. 54.

dades islámicas, aunque cada vez hay más voces discordantes que parecen indicar que la doctrina islámica ya no es inmune a las críticas.

El escepticismo respecto a la razón supone un obstáculo para la autorreflexión. Desde siempre, la humanidad ha mostrado una tenaz resistencia a someterse a un examen crítico, tanto a nivel personal como colectivo. No obstante, existen mecanismos culturales y religiosos que favorecen esta actitud. La inscripción «conócete a ti mismo» grabada en el templo de Delfos está profundamente arraigada en la mentalidad occidental. La llamada de Cristo a la conversión y al cuestionamiento de las ideas preconcebidas está en sintonía con este principio y corrobora la dinámica reflexiva[47]. Según el historiador alemán Heinrich August Winkler, la autorreflexión sería el rasgo característico de Occidente[48]. La confrontación con el pasado –ya sea personal o colectivo– contribuye a una visión crítica de las evoluciones históricas y ayuda a descartar falsas certezas. Este espíritu crítico se siente con espe-

---

[47] Los cristianos están llamados a hacer periódicamente un examen de conciencia; los católicos y los cristianos ortodoxos conocen la confesión, que les obliga a enfrentarse a sus errores y pecados.

[48] Cfr. H. A. WINKLER, *Geschichte des Westens. Von den Anfängen in der Antike bis zum 20. Jahrhundert. Jahrhundert*, C. H. Beck, Múnich 2010.

cial intensidad en el terreno de las ciencias, donde las hipótesis se confrontan constantemente con la realidad para formular nuevas hipótesis[49].

Mientras que Occidente se atreve a analizar su pasado con espíritu crítico, el mundo musulmán manifiesta una obstinada incapacidad para cuestionarse a sí mismo. «La historia árabe-musulmana ha construido toda una cultura opuesta a la racionalidad»[50], señala el pensador saudí Ibrahim al-Buleihi. Como ve una tendencia herética en cualquier cuestionamiento, esta actitud no favorece una mirada crítica sobre el pasado y el presente, sino que, por el contrario, contribuye a encerrarse en una autoafirmación puramente apologética que resulta estéril. El aprendizaje productivo de los errores no es una práctica habitual. Si a esto le añadimos la negación de las causas segundas, o incluso del principio de no contradicción, podemos concluir que esta mentalidad supone un freno importante para la auténtica curiosidad intelectual.

En cierto modo, podríamos decir que el mundo musulmán ha cultivado siempre un enfoque

---

[49] Cfr. S. Jaki, *The Origin of Science and the Science of its Origin*, Scottish Academic Press, Edimburgo 1978.

[50] I. Al-Buleihi, *Dīn and Dunya and the failure of Arab Enlightenment*: https://almuslih.org/blog/2022/07/23/din-and-dunya-and-the-failure-of-arab-enlightenment.

epistemológico que no muestra demasiado interés por las cosas en sí mismas, sino por su utilidad: la astronomía se cultivó para determinar la dirección de La Meca y el momento de la oración, las matemáticas para resolver los problemas de herencia, las *Refutaciones sofísticas* de Aristóteles se tradujeron para rebatir los argumentos de los cristianos[51], etc. El interés epistemológico desprovisto de una dimensión práctica no existe, lo cual podría explicar la ausencia, en los países de tradición musulmana, de grandes instituciones de renombre en el mundo de la investigación y la producción científica.

Actualmente se suele citar a Averroes (Ibn Rushd, 1126-1198) como ejemplo de la apertura filosófica del islam. Sin embargo, Averroes no gozó de ninguna consideración en su tiempo. Al contrario, fue acusado de herejía y sus escritos fueron quemados. Sus ideas no dejaron ninguna huella en la cultura y la mentalidad de su época. Sus reflexiones sobre Aristóteles ejercieron mayor influencia en la filosofía occidental que

---

[51] Cfr. R. BRAGUE, *Das gegenseitige Verhältnis von Philosophie und Islam*, en *Islamische Philosophie im Mittelalter*, WBG, Darmstadt 2013, p. 72. Resulta muy revelador que ni siquiera Ibn Jaldún valore el estudio de la filosofía, que considera perjudicial para la religión (cfr. IBN JALDÚN, *Introducción a la historia universal [al-Muqaddima]*, Almuzara, Córdoba 2008).

en el pensamiento musulmán[52]. Solo durante la *Nahda* (el renacimiento cultural de Egipto y el Líbano en la segunda mitad del siglo XIX) se redescubrió a Averroes en los países de tradición musulmana. Aun admitiendo que Averroes fuera un buen musulmán —algo que, durante su vida, sus adversarios rechazaron con vehemencia—, debemos tener en cuenta que no partía del principio de que la fe y la razón se complementan armoniosamente. En su opinión, la filosofía es un saber superior a la fe que, por su parte, no es más que un conocimiento para teólogos y gentes pobres de espíritu. Solo los filósofos podrían alcanzar la cumbre del conocimiento.

A partir del periodo medinés, la autoafirmación de la comunidad musulmana transformó para siempre su visión de la realidad. En palabras de Al-Buleihi: «Los eruditos se dedicaron a adaptar la realidad a la doctrina del islam, no a desarrollarla ni a hacerla crecer»[53]. Las sucesivas victorias militares y la rápida expansión de las tribus árabes confirmaron la veracidad del mensaje coránico en la mente de los musulmanes. Lo verdadero es lo que triunfa. Se trata de un prin-

---

[52] Cfr. TOMÁS DE AQUINO, *Contre Averroès*, París, ed. GF-Flammarion, París 1999.

[53] I. AL-BULEIHI, *Dīn and Dunya and the failure of Arab Enlightenment*, a.c.

cipio que supone una auténtica desnaturalización de la epistemología. Desde esta perspectiva, cualquier cuestionamiento o duda que pudiera surgir a lo largo de las conquistas se estigmatizó como una señal de incredulidad y de herejía. Lógicamente, el contacto con civilizaciones refinadas, cuya reflexión filosófica y teológica había alcanzado ya cotas considerables, representó una atracción y una tentación para los intelectuales pero, como hemos visto, el periodo mutazilí fue de corta duración. No obstante, a partir del siglo XIX, y frente a la modernidad, la afirmación «sois la mejor comunidad» (sura 3, 110) se quedó sin argumentos y hasta ahora no ha encontrado respuestas convincentes.

Visión de la vida en sociedad (política)

La doctrina musulmana no concibe un orden político que separe el plano espiritual del temporal. El laicismo, que en Occidente implica la separación de Iglesia y Estado, es fuertemente rechazado por parte de los ulemas. Mahmud Shaltut, que de 1958 a 1963 fue director de la Universidad de al-Azhar, el centro de enseñanza más prestigioso del mundo suní, se mostraba inequívoco en este aspecto: «No se puede separar la religión de la política, como no se puede separar la cabeza de un hombre de su cuerpo sin matarlo»[54]. Para el jesuita egipcio Samir Khalil Samir, «no comprender la dimensión política del islam supone ignorar la realidad»[55]. En efecto, en el mundo occidental tendemos a olvidar que solo Cristo dijo que «hay que dar al césar lo que es del césar y a Dios lo que es de Dios» (*Mc* 12, 17; *Mt* 22, 21 y *Lc* 20, 25).

La visión islámica del mundo político es inequívoca. El mundo se divide en «la casa del islam» *(dar al-islam)*, es decir, las regiones ya sometidas a la dominación islámica, y «la casa de la guerra» *(dar al-harb)*, las regiones aún por conquistar. Esta concepción no significa que haya siempre conflictos armados entre el mundo musulmán y el resto. Se puede pasar por largos periodos de tregua con los países no musulmanes por razones estratégicas, de oportunidad o simplemente por falta de recursos militares, económicos o demográficos, sin que eso signifique perder de vista el objetivo final: la dominación del mundo. Según un hadiz transmitido por Abu Bakr al-Bayhaqi (994-1066): «El islam domina y no es dominado»[56]. Esta ambición está en el corazón del islam. Lo que cuenta no es tanto la

[54] M. SHALTUT, *Min tawgihat al-islam*, Dar churuq, El Cairo 1982, p. 554.

[55] S. KHALIL, *Muslime und Christen*, o.c., p. 125.

[56] https://hadeethenc.com/fr/browse/hadith/64633.

conversión de la gente ni su salvación eterna, sino la conquista del mundo y su sumisión al orden islámico. Mientras que los judíos y los cristianos acepten la dominación del islam[57], se les permite un cierto margen de maniobra a cambio de un impuesto especial *(yizia)*. La afirmación de Cristo de que su Reino no es de este mundo (*Jn* 18, 36) contrasta profundamente con el deseo de establecer repúblicas islámicas al estilo iraní, gobernadas por un ayatolá o por jurisconsultos.

La guerra santa *(yihad)*, que algunos[58] consideran el sexto pilar del islam, es el medio por excelencia para alcanzar este objetivo. Esta guerra se puede llevar a cabo mediante una lucha armada o bien expresarse de otras formas. Todos los conflictos armados y cualquier conquista territorial emprendida por los musulmanes se han llevado a cabo bajo la bandera de la yihad, ya sea de manera implícita o explícita. Como saben que no están en condiciones de enfrentarse a Occidente en el plano militar, los predicadores salafistas invitan regularmente a la infiltración

---

[57] Esta doctrina tradicional sobre los *dhimmi* no es una garantía de seguridad. El estatus de las religiones no musulmanas puede ser revocado en cualquier momento. Hay movimientos islámicos que defienden abiertamente la aniquilación de los judíos y los cristianos. En teoría, los fieles de otras religiones (por ejemplo, hindúes, budistas, etc.) solo tienen que convertirse al islam para seguir vivos.

[58] Por ejemplo, Ibn Taymiyya, teólogo del siglo XIII.

por medio de la emigración. En numerosas ocasiones, los jefes de Estado, sin ocultar sus propósitos, han llamado a una especie de yihad natalista. En 2010, el líder libio Muamar el Gadafi señalaba que los musulmanes, actualmente una minoría en Europa, se convertirán en mayoría y en «herederos del continente [europeo], a pesar de los intentos del imperialismo de erradicar a los musulmanes en el mundo»[59]. En 2017, Recep Tayyip Erdogan hacía una declaración similar: «Hago un llamamiento a mis hermanos y hermanas de Europa. No tengáis tres, sino cinco hijos, porque sois el futuro de Europa»[60].

El Corán llama en varios pasajes a combatir a los infieles (ver sura 8, 39; 8, 59-60 o 9, 5). Se trata de un mandamiento explícito de Alá, aun-

---

[59] Véase https://blogs.mediapart.fr/victorayoli/blog/160610/khadafi-les-musulmans-vont-heriter-de-leurope-la-turquie-sera-le-cheval-de-troie-de-lislam.

[60] Véase https://www.rts.ch/info/monde/8470337-faites-5-enfants-pas-3-lappel-derdogan-a-la-diaspora-turque.html. Sin embargo, la afirmación de que *«un día, millones de hombres dejarán el hemisferio sur para dirigirse al hemisferio norte. Y no irán allí como amigos, sino para conquistarlo. Y lo conquistarán con sus hijos. El vientre de nuestras mujeres nos concederá la victoria»*, supuestamente pronunciada por el presidente argelino Houari Boumédiène (1932-1978) en un discurso ante la ONU en 1974, no es auténtica, aunque se encuentra muy difundida en internet.

que a veces reine una cierta confusión en torno a la identidad de esos infieles. A veces, el término «infiel» se refiere a aquellos que niegan a Dios; otras a los judíos, los cristianos o los nazarenos *(nazara)*. Quienes combatan en los caminos de Dios entrarán en el paraíso. Según Ibn Jaldún (1332-1406), la yihad es la misión universal del islam. Es cierto que los sufíes –la corriente mística del islam– distinguen entre la gran yihad y la pequeña yihad: la gran yihad –y por así decirlo, la verdadera– sería una especie de lucha ascética por alcanzar la virtud, mientras que la pequeña yihad sería el combate defensivo contra los agresores del islam. Esta interpretación suele esgrimirse en un intento de suavizar los pasajes más violentos del Corán. Sin embargo, el jeque Omar Abd al-Rahman (1938-2017), fundador de la *jama'a islamiya*, organización terrorista implicada en varios atentados en Nueva York a principios de los 90, señalaba –en una voluminosa tesis defendida en la Universidad de al-Azhar– que el sentido original de la yihad era efectivamente la lucha contra los infieles y la conquista del mundo en nombre del islam. Hablar de purificación de uno mismo como una gran yihad sería condenable e incluso motivo de burla[61].

---

[61] Véase R. GLAGOW, *Allahs Weltordnung*, Edition D21, Mering 2010, pp. 75-76.

El Estado tiene la obligación de proteger y promover el islam en detrimento de otras convicciones religiosas. La expansión del islam es un objetivo tan importante que toda resistencia debe combatirse por la fuerza. Ni qué decir tiene que, desde esta perspectiva, la democracia y sus procedimientos no son bien recibidos por los teólogos musulmanes[62]. Esto no significa que los países de tradición musulmana no puedan establecer una especie de democracia que permita las elecciones, la separación de poderes, etc. Pero, desde el punto de vista teológico, este sistema político, sobre todo si posee una dimensión pluralista, resulta inconcebible.

En el plano jurídico, la doctrina islámica no prevé ningún trato de igualdad para los no musulmanes. En diferentes momentos de la historia, los no musulmanes se vieron obligados a vestir ropas distintivas similares y a anunciar su paso con campanas. Tenían prohibido montar a caballo o en camello y se les obligaba a montar en un burro boca abajo para ridiculizarlos en público[63]. En el régimen islámico, los no musulmanes deben sufrir todo tipo de discrimina-

---

[62] Véase P. D'IRIBARNE, *L'islam devant la démocratie*, Gallimard, París 2013.

[63] Véase B. YE'OR, *Juifs et chrétiens sous l'islam*, Berg International, París 1994, pp. 97-100.

ciones políticas, sociales y económicas con el objetivo de humillarlos (sura 9, 29) y acelerar su conversión, ya que la conversión por la fuerza está, en principio, prohibida. Se les concede el estatus de *dhimmi* (literalmente, «protegidos» o «tributarios»), pero, en realidad, son ciudadanos de segunda clase[64].

Por razones de justicia, debemos admitir que la igualdad de trato a los fieles de otras religiones es un logro jurídico relativamente reciente en Europa (esto ha ocurrido en el seno mismo de la cristiandad entre protestantes y católicos, en función del lugar y la época). Su origen, en el Occidente moderno, coincide con la Constitución estadounidense de 1776. La aceptación de estos derechos supuso un reto para las distintas iglesias, que seguían manteniendo una concepción del Estado que propugnaba la defensa de la «religión verdadera». Sin embargo, después de un largo proceso, esta percepción fue evolucionando hasta el punto de ver, en la libertad religiosa, un valor auténticamente cristiano[65], una señal y una garantía de la autenticidad de la relación entre el hombre y Dios. La teología islámica aún

---

[64] Ídem, *Les Chrétientés d'Orient entre Jihâd et Dhimmitude: VII-XX siècle*, Le Cerf, París 1991.

[65] Cfr. L. WICK, *Islamic Theology, Constitutionalism, and the State*, Acton Institute, Grand Rapids 2012.

no ha sido capaz de responder a los desafíos que plantea este problema. Hasta hoy no ha habido ningún intento serio de abordar la cuestión de la libertad religiosa fuera del marco de la *sharía*. Los ulemas siguen convencidos de que debe existir una desigualdad —querida por Alá— entre musulmanes y no musulmanes. En muchos países de tradición musulmana, esto se traduce en una prohibición formal a los no musulmanes de acceder a cargos políticos o públicos.

La violencia y la amenaza de violencia es un tema frecuente en el Corán y, probablemente, el aspecto del islam que más nos preocupa. No se trata de una violencia contada como un hecho histórico, como hace el Antiguo Testamento, sino de una violencia sacralizada, legitimada e incluso ordenada por Alá. Si no hubiera pasajes coránicos que llaman a la violencia, el asesinato o la mutilación, el islam no daría tanto miedo. Pero, en ausencia de una prohibición del asesinato, estos pasajes siguen constituyendo una amenaza permanente para los no musulmanes y para los musulmanes considerados heterodoxos o poco serios. Es cierto que la mayoría de los musulmanes no desean poner en práctica estos preceptos, pero el peligro no ha desaparecido, y basta para mantener la tensión social. A lo largo de la historia, bastaba que unos cuantos creyentes fanáticos se tomaran estos pasajes al pie de la letra para hacer la vida imposible a los supuestos enemigos del islam. La convivencia con los musulmanes se ve seriamente comprometida por esta inseguridad, y bastan algunos actos de barbarie aquí y allá para desestabilizar la vida en común y poner a prueba las instituciones. Si un grupo social no está dispuesto a acatar las normas establecidas, cuestiona constantemente la legitimidad del orden político por estar en contradicción con sus convicciones religiosas y amenaza con tomarse la justicia por su mano, se socava la confianza mutua y se alimenta el comunitarismo, que acaba con cualquier tipo de convivencia. Una sociedad tiene el derecho y la obligación de protegerse de estas amenazas. Y los musulmanes que se sienten ofendidos en sus convicciones y que contemplan la posibilidad de llevar a cabo actos violentos, también podrían contemplar la posibilidad de buscar refugio en un país que responda mejor a sus aspiraciones.

A largo plazo, conviene ser muy claro. Una democracia no podrá sobrevivir sin el consentimiento intrínseco de la población. No basta con establecer procedimientos jurídicos: es necesario que esas instituciones y esos procedimientos sean apoyados y respetados por personas convencidas. La experiencia histórica de los intentos de establecer un orden constitucional en los países de tradición musulmana demuestra que la democracia necesita un apoyo cultural que, hasta ahora, solo ha podido desarrollarse en un entorno cristiano.

Es un error querer reducir la democracia moderna a un marco jurídico, a mecanismos electorales o a la separación de poderes: la democracia necesita un sustrato cultural que no puede garantizar por sí misma. Mucho antes de que Joseph Ratzinger fuera elegido papa, nos advertía contra la ciega complacencia de Occidente:

Incluso cuando [la democracia] funciona relativamente bien —como es el caso entre nosotros, a pesar de todo, en los últimos treinta años—, no genera automáticamente la convicción de que ella es bajo todos los aspectos la forma mejor de Estado. No solo pueden dar al traste con la democracia las crisis económicas; también las tempestades espirituales pueden disolver el cuerpo que la sustenta[66].

Aunque no se puede negar la confusión político-religiosa que ha dominado Occidente durante siglos, esa situación no se debe a un vínculo sustancial, sino a condiciones accidentales y contingentes. El cristianismo no propugna una

---

[66] J. RATZINGER-BENEDICTO XVI, *Cristianismo y democracia pluralista. Acerca de la necesidad que el mundo moderno tiene del cristianismo*, en «Scripta Theologica» (1984), vol. 16 (3), p. 816.

doctrina política precisa. «El Concilio Vaticano II liberó a la Iglesia de un antiguo lastre histórico, cuyos orígenes no se remontan a la tradición apostólica y al *depositum fidei*, sino a decisiones concretas de la época posconstantiniana del cristianismo»[67]. De hecho, la secularización que siguió a la declaración de independencia de Estados Unidos y a la Revolución Francesa benefició a la Iglesia, puesto que redujo su influencia únicamente a una fuerza moral. Durante su visita a Alemania en 2011, Benedicto XVI decía al respecto: «En cierto sentido, la historia viene en ayuda de la Iglesia a través de distintas épocas de secularización que han contribuido en modo esencial a su purificación y reforma interior»[68]. El cristianismo no necesita el brazo secular del Estado para promover la verdad de la fe. La garantía estatal de la libertad religiosa es más que suficiente.

No hay ninguna doctrina de fe católica y dogmática sobre el Estado ni puede haberla, a excepción de los elementos ya presentes en la tradición apostólica y en la Sagrada Escritura. En

---

[67] M. Rhonheimer, *L'herméneutique de la réforme et la liberté de religion*, en «Nova et Vetera» 85, 2010/4.

[68] Cfr. Benedicto XVI, *Discurso con ocasión del encuentro con los católicos comprometidos en la Iglesia y la sociedad*, Friburgo de Brisgovia, 25 de septiembre de 2011.

estos escritos está totalmente ausente la idea de un «Estado católico», que sería el brazo secular de la Iglesia, y sí la de una separación entre la esfera religiosa y la político-estatal[69].

El cristianismo ha sabido adaptarse a toda clase de sistemas políticos y no ha necesitado una protección especial por parte del Estado para desarrollarse. De hecho, muchas veces los tiempos difíciles han preparado el terreno para un nuevo comienzo.

Mientras el islam siga defendiendo la desigualdad de los ciudadanos ante la ley, la visión constitucional y democrática del Estado será incompatible con la visión musulmana del orden político. Sin una garantía de libertad religiosa, las instituciones democráticas no podrán funcionar. La libertad religiosa forma parte de los derechos humanos y no puede verse amenazada. En un Estado de derecho, resulta intolerable que los preceptos de una religión amenacen a las personas con la muerte (en caso de apostasía) o la discriminación (en caso de no conversión)[70]. Lo que está en juego es la super-

---

[69] M. Rhonheimer, *L'herméneutique de la réforme...*, o.c.

[70] Por supuesto, no se puede obligar a los judíos y a los cristianos a convertirse, pero deben aceptar las consecuencias de su obstinación y pagar un impuesto especial *(yizia)*. En teoría, los fieles de las religiones politeístas solo pueden elegir entre la con-

vivencia misma de ese Estado. También resulta inconcebible un Estado democrático sin una cierta forma de laicismo. Ese laicismo no debe ser agresivo, ni antirreligioso, sino que el Estado debe mantener una sana distancia con la religión para poder actuar en favor de todos sus ciudadanos.

Visión de la historia

En general, el islam tiene una visión pesimista de la historia. El periodo preislámico se considera una época de ignorancia *(yahiliya)* sin ningún valor y de la que nada puede aprenderse[71]. La aparición del islam lo cambió todo y restableció la verdad original. Se suele citar el hadiz (considerado apócrifo) según el cual los musulmanes deberían buscar el conocimiento incluso en China. Pero, en la práctica, los musulmanes han mostrado siempre un gran desinterés por el conocimiento exterior al islam. Gran parte de las aportaciones culturales atribuidas actualmente

---

versión o la muerte. Afortunadamente, esta doctrina nunca se ha puesto en práctica de manera rigurosa, sobre todo en la India.

[71] Al parecer, en Arabia Saudí, hasta hace poco, se intentaba borrar cualquier rastro de las culturas preislámicas destruyendo los hallazgos arqueológicos, e incluso los lugares ligados a los inicios del islam, como las tumbas. Cfr. A. MEDDEB, *Aber weisst du denn, wer mein Dämon ist?*, en «DU. Die Zeitschrift der Kultur», TA Media, Zúrich (diciembre de 2002-enero de 2003) p. 105.

al islam son obra de musulmanes heréticos, cristianos y judíos.

Los éxitos militares de la primera expansión del islam se consideraron una confirmación de la veracidad del mensaje coránico. Sin embargo, cuanto más se aleja de la época dorada de Mahoma y sus compañeros, más confusa y decadente se vuelve la umma. La situación del mundo musulmán contemporáneo corrobora esta convicción. Las cifras y las estadísticas constituyen un testimonio implacable de este declive. Los países de mayoría musulmana están a la cola de casi todos los indicadores de desarrollo económico, político, humano o social[72]. A los musulmanes les resulta muy difícil aceptar esto, puesto que el Corán llama a la umma «la mejor comunidad que se ha hecho surgir para los hombres» (sura 3, 110). La distancia entre las promesas de antaño y la realidad contemporánea es abismal y constituye una fuente permanente de resentimiento.

El retorno a los orígenes, a la edad de oro del islam, se presenta como la panacea para todos estos males. A lo largo de los siglos, los reformadores han llamado a ese retorno como medio

---

[72] Véase R. KOOPMANS, *Das verfallene Haus des Islam*, C. H. Beck, Múnich 2020; los países del Golfo escapan parcialmente a esta dinámica debido a las ganancias proporcionadas por el petróleo.

de renovación. La vuelta al pasado glorioso garantizaría el éxito en el presente y en el futuro. Sin embargo, es precisamente esa actitud la que genera más problemas. La vuelta a los orígenes impide a los musulmanes cuestionar y superar los aspectos problemáticos de su profeta (como líder guerrero, esclavista, polígamo, etc.), de sus sucesores inmediatos y del sistema político que lograron instaurar. Sin ninguna duda, estos aspectos se corresponden con los esquemas culturales vigentes en el siglo VII, pero si se presentan como las normas ideales a imitar en la actualidad y se les pretende imponer al resto del mundo, esto supone un problema.

Frente a la triste realidad del presente, al menos la escatología islámica constituye una fuente de consuelo para los musulmanes. Al final de los tiempos llegará el día de la resurrección, precedida por la aparición del anticristo *(dayyaal)*, que induce a los hombres al error. El profeta Isa (es decir, Cristo) descenderá para matar al anticristo, y llamará a los muertos a la vida y al juicio final. Los no musulmanes serán condenados inevitablemente al infierno *(yahannam)*, un infierno «que llamea arrancando la piel de la cabeza» (sura 70, 15-16). Los tormentos del infierno contrastan con las delicias del paraíso, y suelen utilizarse para llamar a los cristianos, a los judíos y a otros a la conversión.

La obediencia a Alá deriva de una pedagogía del miedo y posee una fuerte connotación hedonista. El musulmán se esfuerza por entrar en el paraíso, un jardín descrito como una tierra de abundancia, donde todas las fantasías materiales y sensuales serán satisfechas. Como Alá es el guardián de este lugar de felicidad, el hombre se comporta bien, pero el encuentro con Alá no es el objetivo último de su comportamiento. El musulmán pecador debe esperar el juicio final en el círculo exterior del infierno antes de ser admitido en el paraíso. Los mártires «en los caminos de Alá» acceden de forma inmediata al paraíso para disfrutar de los placeres carnales, que aparecen descritos ampliamente en el Corán (sura 47, 15; 55, 54; 56, 12-23).

La visión cristiana de la historia pone el énfasis en otros aspectos. Después del pecado original de los primeros padres, Adán y Eva, Dios estableció una alianza con el pueblo judío para conducir a la humanidad a la redención. Dios establece una relación con los hombres, los acompaña a lo largo de las vicisitudes de la historia y los transforma poco a poco, con paciencia y pedagogía, suavizando su intolerancia étnica o su rigorismo intransigente. La revelación de Dios se despliega poco a poco y contribuye a un cambio de mentalidad. Al final de este proceso de maduración, Dios se hace hombre en Jesucristo.

La historia es parte integrante de la revelación cristiana. Dios actúa en la historia concreta del hombre y no permanece al margen.

La vida, las experiencias y el ejemplo de los primeros cristianos serán siempre una fuente de inspiración para los discípulos de Cristo, sin que esa época simbolice la edad de oro del cristianismo. Lo mejor está siempre por llegar y aguarda al cristiano en el más allá, pues «ni ojo vio, ni oído oyó, ni pasó por el corazón del hombre, las cosas que preparó Dios para los que le aman» (*1 Co* 2, 9). El cristiano aspira al más allá para estar con Dios cara a cara en la visión beatífica, y no para obtener favores materiales o sensuales.

El cristiano es consciente de que no tiene garantizado el éxito en su recorrido terrenal. A ejemplo de Cristo, la persecución, la discriminación o el fracaso forman parte de la historia de los cristianos y constituyen una experiencia recurrente. Cristo mismo anunció a sus discípulos las dificultades que iban a sufrir: «Si alguno quiere venir detrás de mí, que se niegue a sí mismo, que tome su cruz y que me siga» (*Mt* 16, 24). La fe cristiana no tiene como objetivo aplicar un programa político, instaurar un reino o desarrollar una cultura.

Enormes porciones de existencia humana quedan fuera de este coto [el cristianismo] y se confían a la inteligencia humana —creada, no quepa duda, por la gracia divina, pero que no recibe ayuda de ningún tipo de revelación especial— (...). El islam dispone de la llamada medicina profética, basada en los consejos que ofreció Mahoma en algunos casos y que se resumen en algunas colecciones de hadices que portan dicho nombre, medicina profética. Sin embargo, de nuevo, hay médicos cristianos, pero no una medicina cristiana[73].

El desarrollo de una cultura «cristiana» es más bien el resultado secundario de tomarse en serio el mensaje de Cristo. Por supuesto, la instrumentalización del cristianismo con fines culturales, políticos e incluso económicos es una realidad del pasado y, seguramente, también del futuro. Esa instrumentalización ha cometido y seguirá cometiendo errores, puesto que se trata de una auténtica traición al mensaje original.

[73] R. BRAGUE, *Manicomio de verdades. Remedios medievales para la era moderna*, Encuentro, Madrid 2021.

IV.
PERSPECTIVAS
Y CONCLUSIONES

El islam se halla en la base de una civilización milenaria. Es a la vez una religión que abarca a 1.800 millones de hombres y mujeres y un sistema social con su propia visión del mundo. En muchos aspectos, el islam calca los relatos bíblicos del Antiguo Testamento y retoma parcialmente las ideas del Nuevo. Reprocha a los judíos y a los cristianos haber falsificado la Torá y el evangelio para no reconocer a Mahoma como el último de los profetas. Es cierto que los musulmanes reclaman ser de Abraham, veneran a Jesucristo y a María, su madre, e incluso reconocen su virginidad, algo que puede resultarnos sorprendente. Pero Jesús sigue siendo un simple profeta y no el Hijo de Dios. Además, no puede dejar de extrañarnos que sea Jesús quien regrese al final de los tiempos y no Mahoma. Estas incoherencias y respuestas a medias nos dejan perplejos. Nos intriga la falta de interés de los musulmanes por llegar al final de la reflexión y el hecho de que se contenten con vaguedades intelectuales.

Todo cristiano debe ser consciente de que la doctrina islámica niega explícita y repetidamente los fundamentos del credo cristiano, como la Trinidad, la divinidad de Cristo, su encarnación, su muerte en la cruz y su resurrección[1]. Además de negar los aspectos centrales de la fe cristiana, el Corán los presenta de forma distorsionada. La Trinidad consistiría en Alá, Isa (el nombre coránico del profeta Jesús) y María (sura 5, 116). Así, los cristianos asociarían otras personas a Alá y se alejarían del verdadero monoteísmo. El *shirk*, o asociacionismo, manifestado en la fe trinitaria, se considera el mayor de los pecados contra el *tawhid* (la unicidad de Dios). Sin embargo, la fe trinitaria cristiana no se corresponde en absoluto con el imaginario coránico. La Trinidad cristiana es, en efecto, la unión hipostática entre el Padre, el Hijo y el Espíritu Santo, y ninguna criatura está asociada a ella.

La percepción distorsionada de la Trinidad demuestra que el diálogo teológico con el is-

---

[1] O bien otro hombre murió en su lugar, o Dios le evitó el suplicio elevándole directamente a los cielos. Se trata de una visión próxima a la herejía del docetismo, condenada en el 381 en el primer concilio de Constantinopla.

lam es muy complicado, por no decir imposible. Como los musulmanes ven el cristianismo a través del prisma de la revelación coránica, están convencidos de que conocen las creencias de los cristianos mejor que ellos mismos, que supuestamente se basan en escrituras falseadas. En principio, un musulmán coherente no puede atribuir ninguna credibilidad al testimonio de un cristiano sobre su propia fe y siempre se creerá mejor informado porque, de lo contrario, tendría que admitir —algo impensable— que el Corán está equivocado. Y al afirmar esto, estaría poniendo en duda la pertinencia de toda la revelación islámica. Pero si no se acepta el testimonio del otro como auténtico, el entendimiento mutuo es necesariamente difícil[2].

A pesar de estas percepciones en oposición frontal a los principios cristianos, conviene distinguir siempre entre la *doctrina* del islam y los *fieles* del islam, entre su dimensión normativa y su dimensión efectiva[3]. Los musulmanes —en Occidente y en todo el mundo— suelen tener una idea bastante vaga e imprecisa del islam y rara vez son conscientes de los desafíos que se evocan en estas páginas. Muchas personas que se

---

[2] Véase R. Brague, *Sobre el islam*, Encuentro, Madrid 2024.

[3] Cfr. S. Keshavjee, *L'islam conquérant*, Iqri, Lausana 2018, p. 34.

consideran musulmanas aprecian la comodidad material y las libertades personales y políticas – cuyos fundamentos, no obstante, desconocen– y no querrían un régimen islámico por nada del mundo. Viviendo de esa manera demuestran la misma indiferencia religiosa y la misma mentalidad agnóstica que muchos paganos bautizados de nuestro tiempo. Podría hablarse en este caso de una auténtica comunidad en la ignorancia.

Sin embargo, la ignorancia y la ausencia de práctica religiosa no tienen los mismos efectos en los musulmanes que en los cristianos. Mientras que un cristiano no practicante rara vez se enorgullece de su pertenencia religiosa y no muestra demasiada solidaridad con los cristianos, un musulmán no practicante continúa formando parte de la umma, a la que está sometido por presión social, y se siente solidario cuando el caso lo exige. La ignorancia no significa necesariamente falta de celo. Los más militantes son a veces los menos instruidos.

Al final de estas páginas, el lector habrá comprendido que el cristianismo y el islam no son dos caras de la misma moneda, o dos formas parecidas de acercarse a Dios. Si nos tomamos en serio los orígenes del islam y el cristianismo, llegamos a resultados muy diferentes. En la relación con los musulmanes, el debate religioso es un asunto delicado. Dado que algunos eruditos musulmanes llegan a dudar del principio de no contradicción —a pesar de ser el primer principio de la lógica aristotélica—, no debe extrañarnos oír una cosa y la contraria sin que eso resulte extraño a nuestro interlocutor. Ante todo, no debemos creer que se puede convencer a un musulmán con argumentos contundentes o demostrando las contradicciones coránicas. Gracias a su escepticismo respecto a la razón, la cultura islámica está muy protegida contra la lógica discursiva. En la relación con los musulmanes, por lo general, la polémica suele ser no solo inoperante, sino perjudicial. La crítica se percibe como un acto hostil, y en lugar de admitir la derrota, el adversario puede convertirse en un enemigo acérrimo[4].

Un cristiano debería abstenerse de decir qué es el islam auténtico o de juzgar quién es un buen musulmán y quién no. Los cristianos un poco ingenuos que, creyendo hacer el bien, dicen que los musulmanes que aplican al pie de la letra las prescripciones violentas del Corán no representan el islam verdadero hacen un flaco favor, e incluso impiden una reflexión seria sobre la raíz de los problemas. Esa labor de discernimiento les corresponde únicamente a los musulmanes.

---

[4] Véase H. Nusslé, *Impression du Proche Orient*, Delachaux et Niestlé, Neuchâtel 1949, p. 121.

La ausencia de autoridades comúnmente reconocidas en el islam no ayuda, y los centros de enseñanza, como la Universidad de al-Azhar en El Cairo, tienen grandes dificultades para poner orden en la cacofonía de opiniones.

Siempre se puede pedir a los musulmanes que estudien el Corán para explicar su significado porque, aun conociendo el árabe en profundidad, el Corán sigue resultando misterioso e insondable, por no decir incomprensible y contradictorio. En principio, solo el dominio de la lengua árabe permite comprender bien el verdadero significado del libro. Esto implica un esfuerzo que está fuera del alcance de la mayoría de los musulmanes de Europa y del mundo. Teniendo en cuenta que la cultura islámica se basa en un libro, siempre se puede invitar a un musulmán a leer el evangelio y compararlo con el mensaje coránico. Muchos convertidos al cristianismo confiesan haberse sentido conmovidos por la figura de Cristo, su humanidad y su misericordia, que tanto contrastan con el comportamiento de Mahoma y el mensaje intransigente y repetitivo del Corán[5].

Conviene manifestar también nuestra desaprobación ante las derivas de nuestra época en

---

[5] Véase J. FADELLE, *El precio a pagar*, Rialp, Madrid 2012.

materia de familia (relaciones hombre-mujer, matrimonio para todos, procreación asistida, gestación subrogada, ideología LGBT, etc.), aborto, trato a los ancianos, eutanasia, pederastia, etc. Para los musulmanes, Occidente y su cultura son sinónimos de cristianismo, y los políticos que promueven las llamadas causas progresistas son, a sus ojos, líderes cristianos. Es fundamental que los musulmanes sepan que estas derivas morales y sociales son contrarias a las convicciones cristianas. A pesar de la desaprobación compartida de algunas derivas sociales, el islam no es un aliado natural para defender la familia, el matrimonio natural o la vida de principio a fin. La visión islámica de la dignidad humana, de la situación de la mujer o de la vida conyugal está demasiado alejada de la antropología cristiana.

Debido a la inmigración de las últimas décadas, el islam ha entrado en la conciencia occidental. La integración de los musulmanes parece más difícil que la de personas procedentes de Asia, el África subsahariana y América del Sur. Las organizaciones musulmanas y las asociaciones de tendencia salafista trabajan sin descanso para establecer un cordón sanitario en torno a los musulmanes, con el fin de evitar cualquier «contaminación cultural» y mediante reivindicaciones permanentes. Esto forma parte de una estrategia elaborada en la IX Conferencia de la OCI (Organización de la Conferencia Islámica[6]), celebrada en el 2000, sobre el papel del islam en el mundo. Algunos participantes en la misma apelaban a una prudencia táctica en la islamización de Europa[7].

El «sistema islam» pretende ocupar cada vez más lugar en el espacio público y personal. En nombre de un «derecho a la diferencia», deducido de los principios de no discriminación establecidos en los pactos de la ONU, exige cementerios musulmanes, comida halal en los comedores escolares, baños turcos en las empresas, lugares de oración en la universidad, el burkini en las piscinas, la exención de exámenes durante el Ramadán, el hiyab en la escuela, un sistema de préstamos estudiantiles acorde con las finanzas islámicas, una justicia paralela, la enseñanza del árabe, la negativa a dar la mano a la mujer, etc. Todo el que no esté de acuerdo con estas exigencias es rápidamente acusado de islamofobia, racismo, etc.[8]. Se trata de una tác-

---

[6] En la actualidad, esta organización se llama Organización para la Cooperación Islámica (véase https://www.oic-oci.org/).

[7] Cfr. MINISTERIO DE AWQAF Y ASUNTOS ISLÁMICOS-ESTADO DE QATAR, *Civilizational role of the Muslim nation in the world of tomorrow*, Doha Research and Studies Center, Doha 2000.

[8] Véase F. BERGEAUD-BLACKLER, *Le Frérisme et ses réseaux*, Odile Jacob, París 2023.

tica de presión muy eficaz, en la que la menor concesión conduce inevitablemente a una nueva demanda. Este carácter arrollador del islam deja poco espacio a otras religiones o creencias. Así, en muchas regiones donde antes había Iglesias vigorosas, ya no quedan más que algunas comunidades moribundas[9]. La suerte de las minorías cristianas en tierras islámicas –donde los judíos prácticamente han desaparecido– no es nada envidiable.

Estas reivindicaciones constituyen un auténtico freno a la integración y contribuyen a la eclosión de un mundo paralelo que protege a los musulmanes de la «influencia supuestamente nefasta y hostil» de los no musulmanes. En la actualidad, existe toda una infraestructura paralela de pequeños comercios, instituciones y autoproclamados guardianes de la virtud que imponen la ley en los barrios y contribuyen a limitar los contactos con la sociedad mayoritaria, tratando de sustituir el orden jurídico y las costumbres tradicionales. Las dificultades que se encuentran en el mundo moderno como consecuencia de esta actitud se atribuyen sistemáticamente a la discriminación islamófoba o

---

[9] Véase J.-P. VALOGNES, *Vie et mort des chrétiens d'Orient*, Fayard, París 1994

incluso a una conspiración judía[10]. La violencia ejercida para defender el islam o los estallidos de descontento cada vez más frecuentes no serían más que reacciones justificadas a tantos ultrajes cometidos contra el Profeta (véanse las caricaturas de *Charlie Hebdo*), contra el honor de la familia, contra la islamofobia, etc. La confusión sociorreligiosa de ciertos barrios va a ser muy difícil de solucionar, sobre todo porque el aspecto religioso está en el origen del aspecto social, y porque el Estado ha renunciado ya a imponer el orden y el respeto a la ley.

El islam no es solo una religión más, es un auténtico sistema social que abarca todas las esferas de la vida. Por increíble que parezca, los musulmanes tradicionales y fundamentalistas son más fieles y más coherentes con el mensaje coránico. No tienen reparos en manifestar su oposición a nuestras libertades políticas y personales. La arrogancia occidental niega estos hechos, porque le cuesta entender que un hombre pueda perseguir otros valores que no sean la felicidad material o los placeres sensuales. Y se tranquiliza pensando que hay musulmanes que ceden a las seducciones del mundo contemporáneo. Es poco probable que el islam cambie

---

[10] Véase S. Kohlhammer, *Islam und Toleranz*, zu Klampen Essay, Gotinga 2011, p. 183.

radicalmente para seguir el paradigma occidental con «algunos siglos de retraso». Es cierto que el modelo occidental ejerce una fuerte atracción sobre los musulmanes, pero este modelo ya no es tan codiciado como pensamos debido a las derivas mencionadas anteriormente.

En los países musulmanes y en Occidente hay muchas personas que se alejan discretamente del islam o incluso se declaran abiertamente agnósticas (algo que es bastante peligroso y a veces duramente castigado). En lugar de combatir a los infieles haciendo la guerra santa, estos musulmanes interpretan el Corán a su manera, descartando buena parte de las revelaciones medinesas. Para eso hace falta una cierta «acrobacia» intelectual, pero no nos corresponde a nosotros, los no musulmanes, dudar de la sinceridad de su postura, aunque tengamos ciertas reservas sobre la coherencia de su método. En definitiva, no podemos sino alegrarnos de esos intentos y de que la mayoría de los musulmanes no sigan al pie de la letra las tradiciones y prescripciones coránicas. No obstante, no debemos creer que esto servirá para suavizar el islam y su doctrina. No se puede separar claramente el islamismo del llamado islam moderado. Según Rémi Brague, se trata de una diferencia de grado más que de naturaleza: «El islamismo es un islam apresurado, ruidoso y desordenado; el islam es un islamismo paciente, discreto y metódico, centrado en el largo plazo»[11].

La situación actual de los musulmanes posee una dimensión histórica única. Por primera vez desde el siglo VII, un gran número de musulmanes viven en la diáspora, y no como conquistadores o dominadores. Libres de presiones externas, tienen la posibilidad de entrar en contacto con otras ideas, entre ellas, la fe cristiana. Por eso las asociaciones e incluso los países musulmanes se esfuerzan tanto en conservar su dominio sobre la diáspora y en impedir la asimilación de «su rebaño» mediante el envío de imanes. Desde este punto de vista, la ausencia del Estado en muchos barrios y guetos es una verdadera tragedia, porque la presión de la familia, del clan o de los compañeros priva a muchos musulmanes de su libertad de expresión, de conciencia y de religión y los encierra en una camisa de fuerza islámica.

Las diferencias ente el islam y el cristianismo son, sin duda, considerables y seguirán siendo irreconciliables, pero la vida cotidiana no solo gira en torno a cuestiones dogmáticas. Los malentendidos entre cristianos y musulmanes en muchos casos se deben también a la falta de co-

---

[11] *L'islam et nous. Le défis du siècle*, entrevista a Rémi Brague, en «Valeurs Actuelles», Hors-Série n. 5 (2022), p. 100 [trad. al español tomada del diario digital ForumLibertas.com].

nocimiento mutuo y de relaciones personales. Por ejemplo, entre las viviendas sociales donde se hacinan los emigrantes musulmanes y los barrios de clase media, la distancia física, cultural y mental es considerable.

Por otra parte, a nivel religioso muchos musulmanes que viven desde hace años en Europa no conocen cristianos coherentes, lo cual no hace sino reforzar sus prejuicios contra lo que llaman el Occidente infiel y apóstata que califican de deshumanizado y cruel. Los musulmanes que se acercan a la fe cristiana manifiestan, muchas veces con razón, una cierta indignación hacia los cristianos, porque tienen la impresión de que les han estado ocultando un tesoro.

Sin duda es útil que cada ciudadano conozca el islam y su historia. Pero es aún es más importante que en el plano religioso los creyentes conozcan adecuadamente su especificidad y estén en condiciones de justificar los valores occidentales marcados por el cristianismo, en particular a través de la capacidad de dialogar en profundidad y de dar un testimonio autentico de su fe, que se funda en la fidelidad a la palabra y a la persona de Cristo.

La expansión del islam no debe tomarse a la ligera. Llega en un momento en que Occidente está débil en el plano intelectual y, sobre todo, en el espiritual. El islam tendrá consecuencias inevitables en nuestros sistemas políticos, en la igualdad de sexos, en el trato a las minorías y, en última instancia, en la garantía de los derechos humanos.

V.
BIBLIOGRAFÍA

Bergeaud-Blackler, F., *Le Frérisme et ses réseaux*, Odile Jacob, París 2023.

Berger, L., *Islamische Theologie*, UTB, Viena 2010.

Blachère, R., *Le Coran*, PUF [11], París 1996.

Brague, R., *La ley de Dios. Historia filosófica de una Alianza*, Encuentro, Madrid 2011.

—, *Manicomio de verdades. Remedios medievales para la Era Moderna*, Encuentro, Madrid 2020.

—, *Sobre el islam*, Encuentro, Madrid 2024.

Candiard, A., *Comprendre l'islam*, Flammarion, París 2016.

Caspar, R., *Théologie musulmane. Le credo*, PISAI, Roma 1999.

CHESNOT, C. y MALBRUNOT, G., *Qatar Papers*, Michel Lafon, París 2019.

DAVET, G. y L'HOMME, F. (dirs.), *Inch' Allah. L'islamisation à visage découvert*, Fayard, París 2018.

D'IRIBARNE, P., *L'islam devant la démocratie*, Gallimard, París 2013.

EZZATI, A. AL-FAZL, *Islam and Natural Law*, ICAS, Londres 2002.

FADELLE, J., *El precio a pagar*, Rialp, Madrid 2012.

GARDET, L. y ANAWATI, M. M., *Introduction à la théologie musulmane*, J. Vrin, París 1970.

HOURANI, A., *Historia de los árabes*, B de Bolsillo, Barcelona 2013.

IBN JALDÚN, *Introducción a la historia universal (al-Muqaddima)*, Almuzara, Córdoba 2008.

JUAN DAMASCENO, *Écrits sur l'islam*, Sources chrétiennes, Cerf, París 1992.

KESHAVJEE, S., *L'islam conquérant*, Iqri, Lausana 2019.

KHALIL, S. K., *Muslime und Christen*, Sankt Ulrich Verlag, Augsburgo 2011.

KOHLHAMMER, S., *Islam und Toleranz*, Klampen, Springe 2011.

KOOPMANS, R., *Das verfallene Haus des Islam*, C. H. Beck, Múnich 2020.

NAGEL, T., *Geschichte der islamischen Theologie*, C. H. Beck, Múnich 1994.

—, *Mahoma. Histoire d'un Arabe, Invention d'un prophète*, Labor et Fides, Ginebra 2012.

MEDDEB, A., *La enfermedad del islam*, Galaxia Gutenberg, Barcelona 2003.

MÉRAD, A., *L'exégèse coranique*, PUF, París 1998.

—, *La tradition musulmane*, PUF, París 2001.

RATZINGER J., *Iglesia, ecumenismo y política*, BAC, Madrid 2005.

—, *Fe, verdad y tolerancia. El cristianismo y las religiones del mundo*, Sígueme, Salamanca 2013.

REILLY, R., *The Closing of the Muslim Mind*, ISI Books, Wilmington 2010.

ROY, O., *Le djihad et la mort*, Seuil, París 2016.

RUNCIMAN, S., *Historia de las Cruzadas*, Alianza, Madrid 2012.

SCHÄFER, C., EICHNER, H. y PERKAMS, M. (eds.), *Islamische Philosophie im Mittelalter*, WBG, Darmstadt 2017.

SIEDENTOP, L., *Inventing the Individual*, Penguin Books, Londres 2014.

VALOGNES, J.-P., *Vie et mort des chrétiens d'Orient*, Fayard, París 1994.

VAN ESS, J., *Les prémices de la théologie musulmane*, Albin Michel, París 2002.

—, *Theologie und Gesellschaft im 2. und 3. Jahrhundert Hidschra. Jahrhundert Hidschra. Eine Geschichte des religiösen Denkens im frühen Islam*, De Gruyter, Berlín 1991-1997.

WICK, L., *Islamic Theology, Constitutionalism, and the State*, Acton Institute, Grand Rapids 2012.

YE'OR, B., *Les Chrétientés d'Orient entre Jihâd et Dhimmitude: VII-XX siècle*, Cerf, París 1991.

—, *Juifs et chrétiens sous l'islam*, Berg International Editeurs, París 1994.